近藤大介

ファーウェイと米中5G戦争

講談社+α《プラスアルファ》新書

はじめに

一つの企業を巡るバトルが、21世紀の世界を左右しようとしている。

２０１９年に「商業化元年」を迎える５Ｇ（第５世代移動通信システム）は、超高速、大容量、多接続、低遅延という特長を持つ。４Ｇによるスマートフォンは人々の生活を変えたが、５Ｇは私たちの社会そのものを変えていく。ＡＩ（人工知能）を駆使したＩｏＴ（物のインターネット）や自動運転、ＶＲ（仮想現実）、ＡＲ（拡張現実）といった新技術が、蒸気機関、エンジン、パソコン（インターネット）に次ぐ第４次産業革命をもたらすのだ。

その５Ｇ時代の世界を牽引しようとしているのが、香港に隣接した中国広東省深圳《しんせん》市に本社を置くファーウェイ・テクノロジーズ（華為技術）である。１９８７年に、元人民解放軍の技師だった任正非《にんせいひ》ＣＥＯが５人の仲間と創業したファーウェイは、いまや世界１７０ヵ国・地域に広がり、従業員19・4万人、年間売上高７２１２億元（約11・3兆円）の「巨竜」となった。１９８０年代の１Ｇから現在の４Ｇまでは、日米欧の先進国企業がリードしてきたが、今後私たちは、この巨竜の背に乗って５Ｇの世界を進んで行くことになる。

そんな中、「それはまかりならない」と待ったをかけたのが、米ドナルド・トランプ政権である。20世紀後半以降、世界の覇権を握ってきたアメリカが、21世紀も引き続き世界をコントロールしていくために、ファーウェイ潰しに出たのだ。

巨竜は生き残れるのか、そもそも生き残らせるべきなのか——これが本書のテーマである。

私はふだん、ファーウェイ製品を愛用しているわけではないが、そうかといってファーウェイに対して、嫌悪感や偏見を抱いているわけでもない。私にとってファーウェイ研究は、これまで丸30年続けてきた中国研究の延長線上にある。

そのため本書の目的は、「ファーウェイは中国のスパイ企業である」とレッテルを貼ることではない。そうではなくて、ファーウェイという中国企業を深く識《し》り、一企業を巡って米中二大国が全面対決していく世界の現状を炙《あぶ》り出すことにある。

第1章では、おそらく外国人ジャーナリストでは初めてと思うが、深圳のファーウェイ本社、及び近郊の東莞《とうかん》・松山湖畔に完成した研究開発本部を詳細に取材し、厚いベールに包まれたファーウェイの全貌をお伝えする。そこで見たのは、「改革開放の父」鄧小平《とうしょうへい》のような創業者、任正非CEOの「夢想と哲学」——「中国版グーグル」の世界だった。

第2章は、ファーウェイを巡る米中のバトルを追った。2018年12月にカナダのバンクーバー空港で起きた任CEOの長女・孟晩舟《もうばんしゅう》副会長兼CFOの逮捕は、世界に衝撃を与えた。

第3章は、「ファーウェイが悪だから」というより、「悪に仕立て上げてでも」潰さねばならない「アメリカの論理」について考察した。

第4章は、5Gを巡って米中二大国に挟まれた「第3の市場」EU（欧州連合）にスポットライトを当てた。「ファーウェイ製品は安くて品質もよいが、中国企業の製品」という現状へのEUの対処の仕方は、日本としても参考になるだろう。

第5章は、5Gを巡る米中の経済ブロック化と近未来図である。貿易戦争、ハイテク覇権戦争、経済ブロック化、そして軍事衝突へとエスカレートし、「米中新冷戦」時代を迎えるのか。

第6章は、米中角逐の最終段階である軍事衝突が今後、危ぶまれる台湾に焦点を当てた。ファーウェイ問題は、最終的には台湾問題へと行き着く。

そして終章では、私たち日本とファーウェイとの関係、及び日本がこの状況にどう向かい合っていくべきかについて述べた。2005年に設立されたファーウェイ・ジャパンは、日本経団連と関西経済連合会に初めて加盟した中国企業でもある。

ファーウェイについて考えることとは、5Gについて考えることであり、近未来の世界秩序について考えることでもある。日本が進むべき道を議論する上で一助となれば幸甚である。

近藤大介

目次

第1章　「ファーウェイ帝国」の全貌

巨大なタワマン社宅群

まさに、「百聞は一見に如《し》かず」だった——。

「スパイ企業」「中国共産党の手先」「人民解放軍の一機関」……。米トランプ政権はファーウェイ・テクノロジーズ（華為技術）に対して、多くの負のレッテルを貼って非難している。

果たして本当にそうなのだろうか？

ファーウェイに関しては、ソフトバンクをはじめとして、これまで日本の取引先3社の人から話を聞いた。興味深いことに、3人ともほぼ同じことを言っていた。

「ファーウェイの製品は、いまや日本製品より品質はいいし、価格は安いし、おまけにアフターサービスも優れている。ただ中国企業なんですよね……」

この物言いは、「ファーウェイがどんな会社か」という問いと、「中国政府（もしくは中国共産党、人民解放軍など）との関係はどうなっているのか」という問いを、分けて考えねばならないことを示唆していた。

そんな中、2019年5月末、香港を経由して、隣接する深圳にやって来た。

深圳は2018年、ついにGDPで香港を抜き、北京と上海に次ぐ中国第三の経済都市としての地位を固めた。1980年に鄧小平副首相が、わずか人口3万人の漁村を、中国初の経済特区に指定したのが、この町の始まりだ。それから約40年、いまや郊外まで含めると、香港の2倍にあたる人口1400万人の巨大都市に変貌を遂げた。私は2年連続で訪れたが、100年前のニューヨークと現在のシリコンバレーを掛け合わせたような、一獲千金を狙って中国全土の若者たちが蝟集《いしゅう》するエネルギッシュな先端都市だ。

ファーウェイが成功した理由の一つに、北京から2200キロも離れた深圳に本部があるということが挙げられるだろう。「来る者は誰でも深圳人」(来了就是深圳人)という自由でしがらみのない風土だったからこそ、ファーウェイは伸びていけた。テンセント(騰訊)、DJI(大疆創新科技)、BYD(比亜迪)……深圳には巨大な中国の民営企業がひしめいている。

市の中心部からタクシーに乗って、運転手に「ファーウェイの本社へ」と告げると、迷うことなく北に向かい、連れて行ってくれた。投宿するのは、世界170以上の国・地域に散らばるファーウェイ社員たちが本社へ一時帰国した際に泊まるホテルだった。私は「ファーウェイの普通の社員の様子が見たい」との要望を出していた。

だが、運転手が「迷うことなく」連れて行ってくれたのは、通称「坂田《バンティエン》」と呼ばれる地区までだった。中国自慢の「高徳地図《ガオドォ》」(グーグルマップに相当)は、私が教えた住所をナビゲートしてくれたが、そこは高層マンションが建ち並ぶ郊外の住宅街だった。

はて、どういうことだろう？　タクシーに乗ったまま、運転手とともに延々と迷っているうちに気づいた。何と東西南北、いま私の視界にある風景はすべて、ファーウェイの社宅だったのである。緑に囲まれた広大な敷地の中に、高層タワーマンションが、計30棟も連なっていた。私は5万人の社員とその家族が暮らす「ファーウェイ城下町」へ来ていたのだ。

超豪華出張社員用ホテル

そのタワマン群の谷間に、ようやく出張社員用ホテル「安朴逸城《アンバープラザ》」を発見した。2016年末の完成で、27階建ての高層タワーが4棟建っていて、全1035室もある。通りを挟んだ向かいにも、同様の「安朴珀萊《アンバープライム》」(208室)が聳《そび》えていた。

失礼だが、ボロい社員寮のようなものを想像していた私は、いきなり度肝を抜かれた。ホテルの入口には、「長旅の疲れを癒やすように」と、ミネラルウォーターやオレンジジュース、クッキーなどが置かれていて、その先に吹き抜けのロビーが広がっていた。ロビーでは「JUNJI」という名の2台のロボットが、可愛らしい女声を発しながら動き回っている。フロントと客室とのやりとりや、ルームサービスなどを担当していた。

部屋に入ると、事務作業ができる客間とベッドルームがあり、約100平方メートルあった。これで1泊538元(約8400円)。最新の5つ星ホテルに1泊1万円以下で泊まっている感覚だ。そもそも社員が本社に戻るための施設を、なぜこれほど豪華に作ったのか?

翌朝、朝食のビュッフェに下りたら、麺職人が麺を茹でていたり、パンが30種類くらい並んでいたり、本格的な焙煎コーヒーが淹《い》れられたり……。

それ以後も各所で気づくことになるが、ファーウェイはとにかくケチケチしていない。

「社員と取引先企業に多くを与えて、会社も多く取る」という任正非ＣＥＯ（最高経営責任者）の経営哲学が、隅々にまで根づいた会社なのだ。

食堂のレモン色に統一された椅子に腰掛け、奥側の席からしばし観察していたら、この施設には３種類の人々が泊まっていることがわかった。第一に、中国及び世界中に散らばっているファーウェイ社員たち。第二に、中国及び世界各地からやって来た取引先企業の人たち。第三に、私を含むその他の外国人である。

黒人の若者たちがやって来て、隣のソファー席を占領した。彼らは嬉々とした表情で、パンを山ほど盛っている。声をかけたら、ギニアの学生たちだった。西アフリカの旧フランス植民地で、人口約１３００万人。「未来種子計画」というファーウェイが世界中で行っている学生招待研修制度を利用して、10人が２週間の研修を受けているのだという。

「アメリカの制裁によって何か影響が出ていますか？」と聞くと、こう答えた。

「いまのところ、何もありません。というより、アフリカ大陸では今後もないでしょう。そもそもアフリカ大陸では『５Ｇ』の敷設はまだ先のことですし、ファーウェイなしにアフリカ大陸の発展はあり得ないからです」

「卒業後、ファーウェイに就職したい人は？」と聞いたら、全員が手を挙げた。

「わが国でファーウェイは、一番の憧れの会社です」

朝のホテルのロビーは、出張客たちでごった返していて、その場で商談や打ち合わせも始まっていた。それぞれの目的地によって、異なる「社内バス」が出ており、後述する一番遠い松山湖の研究開発本部までは、1時間弱かかる。

ファーウェイの本部は、ホテルから3キロほど西に行ったところに広がっていた。東西1・6キロ、南北2キロほどの広大な敷地を、11区域に分けている。具体的には、A区は創業者である任正非CEOのオフィス兼VIP接待所、社員食堂棟などで、南側の半分は改装中。B区は経営・財務棟と図書館など。C区はデータセンター。D区はオフィス棟。E区は研究開発センター（東莞・松山湖に移動済み）。F区は本部ビルと展示センター（旧研究開発センター）、社員食堂。G区は以前は生産部門で、現在は松山湖に移動済み。H区はオフィス棟。I区は存在しない（理由は不明）。J区は研修センター。K区は以前は工場で、現在は改装中。小区は社宅。その他、周辺には開発中の地区がいくつかあり、日々変化している。

中央には南北に五和大道が縦断し、それ以外の道はすべてファーウェイが整備し、中国内外の科学者の名前を付けた。張衡路、稼先路、隆平路、ベル路、キュリー夫人路……。

ファーウェイ社宅群

出張社員用ホテルロビー

オフィスに入る門では一部、顔認証入館が始まっていた。今後、すべての入館を、顔認証に変えていくという。

広大な社の敷地に入ると、一面の緑が広がっていた。鳥やセミの声が響いていて、まるで欧米の大学キャンパスのような風景だ。ファーウェイを巡って世界中が騒然としているというのに、「台風の目」の中心は、静謐な雰囲気に包まれていた。

そんな中を時折、社内循環バスが通り過ぎていく。5万人が働く巨大なオフィス群は、高層の建物が2棟しかなく、基本的に低層構造になっていた。社屋を高層棟にすると、エレベーターを待つ時間が非効率であり、かつ無用なストレスを生むという考えに基づくものだ。

中国のオフィスで駐在員経験がある人ならこの意味は理解できる。私も3年、北京で駐在員生活を送ったが、毎朝のエレベーターホールは満員列車のような状態で、ようやく上階のオフィスに辿り着くと、もうそれだけで一日の仕事が終わったような疲労感を感じたものだ。

CEOの横顔

ここで、ファーウェイという会社の概要について述べておこう。それにはまず、カリスマ創業者の任正非CEOについて語らねばならない。

任正非は、ひと言で言い表すなら、「鄧小平の経営者版」である。軍人気質、広闊な視野、長期展望、教育第一、効率重視、夢想主義、そして自身は質素倹約といった点で、まさに「現代の鄧小平」である。何となく顔つきまでそっくりだ。

任正非は１９４４年、浙江省金華出身の数学教師・任《にん》摩《ま》遜《そん》を父に、７人きょうだいの長子として、貴州省安順に生まれた。山間部の貴州省は、「天に三日の晴れなく、地に三尺の平地なく、人に三分の銀なし」と言われる中国最貧困地域の一つである。

１９６３年に重慶建築工程学院（現・重慶大学）に入学。文化大革命で、元国民党の工場の工員の父親が糾弾される中、１９６７年に卒業し、翌年、人民解放軍（中国軍）に入隊した。

１９６０年代の人民解放軍は、６００万人もの軍人を抱える中で、１９６４年に初の核実験を成功させ、軍需産業の育成が叫ばれた時代だった。そんな中、任正非は軍事技術者として、基礎工程兵部隊に所属した。

私生活では、四川省の副省長・孟東《もうとう》波《は》の娘・孟軍《もうぐん》を妻に射止めた。完全な「逆玉の輿《こし》」である。二人の間には、娘・晩舟と息子・平が生まれた。

１９７６年に「建国の父」毛沢東主席が死去し、１９７８年に鄧小平が実権を掌握すると、経済発展を優先させる改革開放政策に乗り出した。膨れ上がった人民解放軍は１９８０年代に３００万人もリストラされ、任正非も１９８２年、38歳でお役御免となった。

そこで岳父のコネクションを使って、経済特区・深圳に移住。国有企業の南海石油集団傘下の電子系子会社に入社したのだった。

そこでしばらくの下積みを経た後、1987年、43歳の時に5人の仲間と、ファーウェイ・テクノロジーズを創業した。社名の由来は「中華有為」で、「中国が意義のあることを為す」という意味だ。

後に娘の孟晩舟は、ファーウェイの社内報で当時の生活を述懐している。

〈父母は深圳での仕事に苦労していました。雨の多い深圳で外は大雨、家の中は雨漏りがして小雨という状態。風も四方から入ってきて、アパートの周囲の部屋の声は筒抜けだった〉

孟晩舟は母親の実家に帰され、16歳で母親の姓・孟に改名した。

任夫婦も危機に陥り、まもなく離婚。任正非CEOは、十数歳年下の新たな恋人・姚凌《ようりん》と再婚し、秘書にする。この二人の間の一人娘・姚安娜（アナベル・ヤオ）は、現在ハーバード大学に在籍し、2018年にパリの社交界へデビューしたことで話題を呼んだ。

『任正非伝』（2017年、浙江人民出版社）には、「現在の妻・蘇薇《そび》は三番目の妻で、四川省出身の元秘書」と書かれている。だが任本人は、中国記者団とのインタビュー（2019年5月21日）で、「私は生涯で2回、結婚した」（蘇薇とは結婚していない）としている。

任正非は、創業10周年を経た1998年、全6章103条からなる「ファーウェイ基本法」を定め、「ファーウェイ精神」を全社員に徹底させた。それは、社員数が19・4万人に達した現在でも変わっていない。

「ファーウェイ基本法」全文を通読して感じるのは、鄧小平の講話録『鄧小平文選』に似ていることだ。たしかに経済特区・深圳を起点に改革開放を推し進めた鄧小平は、地元で崇拝の対象になっている。

ファーウェイの創業以来の社風は、「軍人規律」と「狼性文化」(狼のように市場を取りに行くカルチャー)だった。だが現在は、ややマイルドになってきて、「完全につながったインテリジェントな世界を実現していく」を社是にしている。

ファーウェイは、深圳に隣接した香港を通した外国製電話交換機の輸入業者としてスタートした。その後、自家製製品を作り始め、1990年代に入ると、中国移動、中国聯通、中国電信、中国網通という「国有四天王」が通信業界に勃興。それに合わせて、通信業務の入札獲得によって発展していった。現在でも、中国で9億人以上の顧客を抱える中国移動は、ファーウェイの国内最大のパートナーである。

この時期には、1985年に深圳市政府が創業した国有企業のZTE(中興通訊)もまた、飛躍していった。ZTEは1997年に深圳市場に、2004年に香港市場に上場したが、ファーウェイは現在まで、非上場を貫いている。

ファーウェイが株式を上場しない理由について、トランプ政権の高官は、「中国共産党や人民解放軍と関係が深いため、経営を透明化できないのだ」と主張している。

だが私がファーウェイの本部で取材した感触では、任正非CEOが、株式上場は自分の経営哲学と合わないと判断しているからだと思う。つまり、長期的な研究開発投資や充実した社員教育・福利を求める任CEOは、短期的利益を要求する株主が障害になると考えているのである。実際、任CEOは、日本人記者団とのインタビュー（2019年1月18日）で、こう述べている。

「ファーウェイの株はすべて9万6768名の社員が保有している。ファーウェイ社員でない人間や外部の組織団体、あるいは政府が保有しているものは一株たりともない。私個人が保有している株式の割合が一番多く、1・14%だ。スティーブ・ジョブズ（アップル創業者）は0・58%だったそうなので、私の持ち株比率はさらに下げてもよいと思う」

そんな任CEOの人柄について、ある古参社員は私にこう証言した。

「本人はまったく飾らない性格で、深圳市の中心部にある自宅から、庶民の服装で愛車のBMWを自分で運転して出勤してくる。わが社には社用機もないし、『金融業と不動産業は容易に儲かってしまうので手を出さない』と戒めている。昼には時折、社員食堂で食べているのを見かけるが、自分の写真や銅像を社内に掲げることを厳禁しているため、若い社員は気づかない。先日、エレベーターに同乗した若い社員が『入社して長いんですか？』と任CEOに声を掛けた。そうしたらCEOは、『だいぶ古株なんだよ』と答えたそうだ（笑）」

途上国の通信インフラ整備から発展

ファーウェイは創業10年近く経った1996年、初めての海外進出に、ソ連崩壊後のロシアを選んだ。「国内市場は国有企業の寡占状態で、仕方なく海外に打って出たが、これが結果的には幸いした」（同古参社員）。

ロシアで商機を見出したファーウェイは、1998年に中央アジア、1999年にラテンアメリカ、2000年にアフリカ、2001年に中東……と、世界に進出していった。2005年には南アフリカでの売上高が10億ドルを超えるなど、発展途上国の通信インフラ整備で、大きく発展を遂げていったのである。

その後、ヨーロッパ市場の開拓を始め、2005年前後から、フランス、イギリス、オランダ、ドイツで、通信分野の受注や契約を取っていった。特に同年、イギリス最大の通信会社であるBT（ブリティッシュ・テレコム）と契約を交わしたことで、弾みがついた。

ファーウェイ・ジャパンを設立したのも2005年で、わずか20人で始めた。いまでは東京・大手町をはじめ7ヵ所で1050人もの社員を抱える。うち75％が日本での採用である。2018年には日本企業から、約7309億円もの部品などを調達している。

アメリカでは、1993年にシリコンバレーに半導体チップの研究所を作り、1999年にはテキサス州ダラスにも研究所を作った。2002年にはこの研究所を発展させる形で、子会社フューチャーウェイを設立した。

だが、2010年代に入ると、アメリカで逆風が吹き荒れた。2012年10月に下院情報特別委員会が報告書を出し、「ファーウェイとZTEは中国共産党政権との関係に重大な懸念がある」として「スパイ企業」扱いにした。そしてアメリカ企業に対して、この2社との取引を控えるよう要請したのである。これを受けて、カナダとオーストラリアもファーウェイとZTEを締め出してしまった。

そんな中で2015年、ついにファーウェイは、通信基地局やルーター、モデム、スイッチなど通信機器分野で、世界最大のメーカーとなった。

ファーウェイの現在の主な事業は、4分野に分かれている。第一に通信事業者向けの通信基地局建設や機器の販売。第二に一般企業向けの通信システムサービス。第三に一般消費者向けのスマートフォンやパソコンの販売。そして第四にクラウド事業である。

まず通信基地局について見ると、2018年の基地局の世界売上高シェアは、1位がエリクソン（スウェーデン）29・0％、2位がファーウェイ26・0％、3位がノキア（フィンランド）23・4％、4位がZTE（中国）11・7％、5位がサムスン電子（韓国）5・0％（英調査会社IHS）。

この中で、2019年に元年を迎えた5Gの基地局において、技術面及び価格面で圧倒的な強さを見せているのが、ファーウェイである。それでも2位に甘んじているのは、後述するアメリカによる「排除キャンペーン」の影響だ。

スマートフォンに関しては、2019年第1四半期の世界出荷台数シェアで、1位サムスン21％、2位ファーウェイ17％、3位アップル12％、4位シャオミー（小米・中国）8％、5位OPPO（中国）8％である（香港の調査会社CTMR）。

サムスンとアップルは、2019年に入って落ち込みが激しい。もしもトランプ政権が5月16日にファーウェイを「エンティティ・リスト」（制裁対象リスト）に入れなかったならば、年間出荷台数2・6億台を目標にしていたファーウェイが、第2四半期に世界トップに躍り出た可能性があった。

ファーウェイの社員たちと話していると、「三流企業は製品を作り、二流企業はブランドを作り、一流企業は標準を定める」と言う。この言に従うなら、ファーウェイはいま、三流から二流に移りつつあるが、いまだ一流には至っていない。この流れを一気呵成に進めてしまうのが、5G時代なのである。

その際、重要なのが特許である。WIPO（世界知的所有権機関）の発表によれば、2018年の国際特許出願件数で、ファーウェイは5405件と、ダントツである。以下は、2位三菱電機（日本）2812件、3位インテル（アメリカ）2499件、4位クアルコム（アメリカ）2404件、5位はZTE（中国）2080件である。サムスンは6位1997件で、ファーウェイの半分にも満たない。

ファーウェイは、前述の「基本法」において、「売り上げの10％を研究開発費に回すことを保証する」（第26条）と定めていて、2018年は売り上げの14・1％にあたる1015億元（約1・6兆円）もの研究開発費を投じている。これは世界5位にあり、日本企業で最高額を誇るトヨタの2018年度の研究開発費1兆800億円の1・5倍以上だ。

しかも、ファーウェイが出願した特許の多くが、5G関連である。国別でも中国は5万3345件で、アメリカの5万6142件に肉薄しており、2019年にはアメリカを抜いて世界トップに立つ勢いだ。3位以下は、日本、ドイツ、韓国の順である。

こうした結果、ファーウェイの2018年の売上高は、前年比19・5％増の7212億元（約11・3兆円）、純利益が前年比25・1％増の593億元（約9310億円）と、過去最高を記録した。中国国内での売り上げが51・6％で、中国国内と海外がほぼ半々である。また、一般消費者からの売り上げが48・4％で、個人と法人もほぼ半々である。

ファーウェイは世界170ヵ国以上で事業を展開し、社員数19・4万人。うち約8万人が、研究開発部門に配属されている。まさに世界最大の通信機器メーカー、かつ中国最大の民営企業なのである。

ファーウェイの会長職は輪番制を取っていて、郭平《かくへい》、胡厚崑《ここうこん》、徐直軍《じょちょくぐん》の3人の副会長が順番に会長職に就いている。輪番会長職の任期は、わずか6ヵ月である。

そのため、絶対的な権限を持っているのは、創業者の任正非CEOだ。そしてその意思を実行しているのが、長女の孟晩舟副会長兼CFO（最高財務責任者）なのである。

任正非CEOは、中国が1978年に改革開放政策を始めて以降、最も成功を収めた中国人企業経営者である。その世界に与える影響力は、昨今もてはやされている「BAT」（バイドゥ、アリババ、テンセント）の比ではない。そのため、ファーウェイも含めた4強を、アメリカのIT4強「GAFA」（グーグル、アマゾン、フェイスブック、アップル）に対抗する意味で「BATH」《バス》と呼ぶこともある。

5Gの専門家に訊く

ファーウェイ本社内F区の本部ビルにある「5Gパーク」で、サプライヤー・マーケティング部の5Gの専門家に話を聞いた。

――5G時代をどう捉えているか？

「わが社は2015年から、『4Gは生活を変えたが、5Gは社会を変える』を合い言葉に、5Gコアチップの開発を始めた。そして2019年を『5G商用化元年』と捉え、1月に子会社のハイシリコン（海思半導体）が、『Balong5000』を発表した。これは画期的なマルチモードのチップセットで、5G単独での使用もできるし、2Gから4Gの上に5Gを乗せることもできる。特に、4Gから5Gへの切り替えのロスをなくし、4Gの上に5Gを構築できるようにしたことがポイントだ。それによって現在、世界15万ヵ所以上に5G基地局を建設中だ」

――5Gでは、提携企業とどのような開発を行っているのか？

「それは数多い。例えば『5G＋8K』の開発を、BOE（京東方科技集団）と共同で行っている（BOEは1993年に北京で創業した世界最大の液晶パネル製造企業で、2018年の国際特許申請件数は1813件で世界7位）。BOEと共に、『無から有へ、有から大へ、大から強へ』を合言葉に、110インチの世界最大8Kテレビを開発した。日本のソニーやシャープは、100インチ以下しか作れていない。NHKが来年夏の東京五輪で8K放送を始めるというが、5Gの8Kカメラを搭載したドローンと合わせて、ぜひわが社の製品を使ってほしい。

（110インチ8Kテレビの画面は、陽光に映える森林の様子を映していたが、木々の葉の一枚一枚が風にそよいでいる生々しい映像は、宮崎駿のアニメ映画の繊細な世界を体現したようだった）

他にも、5Gを使ったVR（仮想現実）とAR（拡張現実）の世界でも、ファーウェイが世界で先行している。映画や旅行などの分野で、多くの可能性を秘めている。この分野では、日本のロボット事業の先駆者である川崎重工とも提携している。

5Gを駆使した養殖場を、ノルウェーのサーモン養殖場で始めたところ大成功した。これまでは、決められた時間に一定量のエサしか与えられなかった。それを『5G＋4K＋顔認証』によって、魚一匹一匹の体温や様子を仔細にAIが読み取り、必要な時に必要な場所に必要な量のエサを与えられるようにしたのだ。この技術によって、人間の省力化とエサの最適化が図られ、サーモン養殖が画期的に進歩した。現在、この5G養殖場ビジネスの6割が中国国内で、4割が海外だが、今後大きく発展していくだろう」

――5G基地局に関してはどうか？

「世界の基地局の発展はこれまで、2Gの上に3Gを、3Gの上に4Gを積み上げてきた。だが4Gと5Gはあまりに違うため、4Gの上に5Gを積み上げられないところが難点だった。5G基地局では、64TRX（送受信機）を使用しており、送信と受信で計128本の線を入れている。他社に言わせると『大型トラックでないと運べない容量』だ。

だが、われわれは『直簡』（超シンプル）をコンセプトにしている。材料を徹底的に見直して軽量化し、ケーブルの要らないマイクロ通信にし、かつ4G基地局の5G化を成功させたのだ。いわば4Gに5Gの帽子を被せたようなもので、容量は、わずか20キロ。これにより、リュックサックでも持ち運べるようになった。

基地局の条件は、国や地域によって千差万別だが、共通しているのは、予算・人員・スペースなどの都合で、これ以上新たな基地局は設置したくないということだ。特にEUは、道幅が狭く、重量に関する規制も厳しい。だが、20キロなら、何の規制にも引っかからない。こうしたことから世界中で〝ファーウェイの魔法使い〟と言われている（笑）」

――5Gを使ったIoT（物のインターネット）についてはどうか？

「IoTに関しては、物の中に組み込む基板であるモデムチップ（モジュール）一個当たりの価格が10ドル程度だったのを、ファーウェイは3ドル以下にした。これによってIoTの急速な普及が可能になった。

子会社のハイシリコンは昨年10月、モバイル端末向けのAIチップ『Ascend（昇騰）310』を発表し、今年量産していく。これは、海外の技術に頼らないファーウェイ初のAIチップだ。今年1月に発表したサーバー用チップ『Kunpeng（鯤鵬）920』は、7ナノメートル（ナノは10億分の1の単位）を実現し、一つのチップに32TB（テラバイト）入る。

５Ｇ時代の電力消費量は莫大だ。そのため、いかに不必要な場所を使わないようにするかという『節約の技術』がポイントとなる。それは、ファーウェイが最も得意とする分野だ」

――５月にアメリカがファーウェイを「エンティティ・リスト」（制裁対象リスト）**に入れたことで今後、グーグルのＯＳアンドロイドや、アームのＣＰＵ**（中央演算処理装置）**が使えなくなる可能性がある**（アームは携帯電話に不可欠なＣＰＵの権利の９割以上を持っているイギリス企業で、２０１６年にソフトバンクが約３・３兆円で買収した）。**これによって「ファーウェイ危機説」が飛び交っている。**

「まずはっきりさせておきたいのは、われわれがアメリカを拒否しているのではなく、アメリカがわれわれを拒否しているということだ。われわれはアメリカの技術に敬意を抱いていて、多くのアメリカ企業と提携してきたし、これからもしていきたいと考えている。

それに、アメリカがいくらわれわれを包囲しようとしても、５Ｇには大きな影響は出ないと見ている。なぜなら世界の５Ｇは、ファーウェイがいないと立ち行かないからだ。昨年12月には、中米コスタリカと韓国で始まっており、今後ファーウェイ

用　途	名　称
携帯電話	麒麟（Kirin）
サーバー	鯤鵬(Kunpeng)
AI	昇騰（Ascend）
5G基地局	天罡(Tiangang)
5G端末	巴龍（Balong）
IoT	凌霄(Lingxiao)
OS	鴻蒙(Hongmeng)

ファーウェイのチップ

の5Gは、世界中に広がっていく。

グーグルのアンドロイドに関しては、もし今後更新されなくなっても、OS（基本ソフト）はオープンソースになっており、引き続き使える。

アンドロイドで問題になるのは、海外向けのGメール、ユーチューブ、グーグルマップなどアプリの部分だ。EUなどの使用者が離れていってしまうことを懸念している。

また中国国内は、グーグルのアプリを入れていないので影響ない。2010年にグーグルが（自由な検索ができないとして）中国から撤退したことで、中国独自のアプリの開発が進んだ。

アームに関しては、まずこれまでの基本的な権利は、半永久的な契約になっており、ストップはできない。今後の更新分は受けられなくなる可能性があるが、それは前からこういう時が来るかもしれないということで、自身で代替できるよう準備してきた。

いずれにしても、中国の14億市場はまったく問題ない。ファーウェイは中国国内の5G整備だけで大忙しだ。まずは大都市と沿岸部で進める。中国での5G敷設のピークは、2021年になるだろう。下半期に中国国内で5Gスマートフォン『Mate X』も発売する。2万元（約31・4万円）以上の高価格帯になるが、必ずや人気を博すと自信を持っている」

グーグルとアームに関しては、別のファーウェイ関係者も補足した。

「そもそもわれわれは、アンドロイドにそれほど頼ろうという気はなかった。それは、アンドロイドの効率が、それほどよくないからだ。そこで、OSの中の2割くらいの部分は、『方舟編翻』という名称で、自分たちで作り直したくらいだ。現在、アンドロイドの代わりになる独自のOS『鴻蒙《ホンメン》』を開発中で、2019年秋に発表する予定だ。

アームについては大まかに言うと、アームは外部の企業と契約する際、2種類の中から選ばせる。第一は、アームの機能を相手に使わせて、問題が起こればアームが解決する『アーム依存型契約』。第二は、アームが外部の企業に権利だけを与えて、後は勝手に相手が開発していく『非依存型契約』だ。ファーウェイが結んでいるのは後者であり、あくまでも自社で応用していく。だから被害は大きくない」

専門家は別れ際、私の耳元でぼそっと言った。

「あくまでも個人的な意見だが、いまの状況はまだ最悪の事態でない気がする。だがこれから（米中）両国が本気で対立していったら、世界は大変なことになる」

5万人が一度に食事可能

ファーウェイ社内を歩いていると、任正非CEOの経営哲学や思想が、各所に根づいていることに気づく。

例えば、「食在中国」（食は中国にあり）という言葉があるが、ファーウェイはランチタイムを非常に重視している。すべての食堂を合わせると、5万人の社員全員が一度にランチを取れるようにしていのだ。

お昼時にF区にある社員食堂の1階に行ってみると、若い社員たちで大賑わい。巨大なフロアは世界の地名で仕切られていた。ボルチモア、トロント、ワルシャワ、モスクワ、バーレーン……。

フロア中央部はバイキング形式になっており、数百種類のおかずが並んでいた。周囲の壁際には、魚の姿煮、羊肉串、牛肉麺などの専門店が、ズラリ立ち並んでいる。席の数だけで、ざっと2000席。同様の施設が地下1階と2階にもあるので、この社員食堂だけで6000人分を賄っていることになる。支払いはスマホ決済か「工卡《コンカー》」(社員証)を翳《かざ》して行う。

こうした社員食堂が社内の各地に点在していて、本格的な日本料理店やタイ料理店など、世界各地のレストランも揃っている。特に南米のワインが充実しているのはなぜだろうと思ったら、ファーウェイ社員からこんな「都市伝説」を聞いた。

「今世紀に入って、南米のアルゼンチンやチリで通信システム事業に参入し始めたが、彼らはファーウェイの通信機器を入れたくても資金がなかった。そこで通信機器と、彼らの特産品であるワインや牛肉などとを物々交換することにしたのだ。だから南米産ワインが多い」

私は企業取材をする場合、必ず昼に、その会社の社員食堂でランチを食べさせてもらうことにしている。そこでは社員たちの「飾らない顔」が見られるからだ。社内不和が起こっていたり、経営者が社員から尊敬されていない会社は、決まって社員食堂の雰囲気が暗い。ましてや、アメリカからこれだけ痛めつけられているファーウェイのランチタイムは、さぞかし通夜のようなものかと想像していたら、さにあらず。ファーウェイ名物の「5万人ランチ」は、実に壮観だった。「90後《ジウリンホウ》」（1990年代生まれ）の社員たちは、まるで大学の学食にいるかのように、議論したり、冗談を言い合ったり、スマホをいじったり……。

「アメリカとの一連の騒動が始まって以降、未曾有の危機到来ということで、むしろ社内の団結力、結束力が高まっている。それまでの縦割り主義が排され、自分の部署以外のことにも意見を言えるようになった。その結果、非常に効率の良い組織に変わってきた。

その証拠に、アメリカとの騒動以降、中国人社員の離職率はものすごく低い。中国人は、自分の会社に見切りをつけたなら、すぐに辞めるはずだが、そうなっていないのだ。唯一の欠点は、外国人のいい人材を確保しにくくなったことだ」（ファーウェイ中堅幹部）

圧倒的に若い社員

その巨大な社食で、私は15元（約230円）の牛肉麺をいただいた。これが安い「社食メシ」かと思うほど絶品だった。甘粛省で食べた蘭州拉麺に似た味で、乗っかっている牛肉は、かなりの高級品である。しかも細麺と太麺から選べて、トッピングも無料だ。

そうやって麺を啜りながら、どこかで見た風景だと思い直した。私が若い頃、1970年代から80年代にかけて、日本の大企業に社会科見学に行った時に見た光景そのものだった。

日本は1970年に大阪万博を開催し、85年にはつくば科学万博を開催した。あの頃は、「日本が世界の技術立国になる」と、技術者たちは希望に満ち溢れていたものだ。そんな「日本企業の原風景」を、いま中国でファーウェイが引き継いでいるのだ。

だが、当時の日本の大企業と現在のファーウェイでは、異なる点が二つあった。第一は、社員に対する手厚いケアである。

ファーウェイは、同じく深圳に本社を置くテンセントと並んで、中国の理科系の大学生たちが就職したい企業ナンバー1である。年々その競争は増していて、いまでは名門校の大学院卒や海外留学組が主流を占める。

そして入社すると、他社とは比較にならない年俸と、深圳市の戸籍を与えられる。自社株も賦与される。タワーマンションの広い社宅を格安で借りられ、マイカー出勤できる。社内の地下駐車場も見せてもらったが、トヨタやホンダの高級車がズラリと停まっていた。

ランチタイムが終わると、社内が一斉消灯となる。「お昼寝タイム」を実施しているため で、社員には横になれる椅子が与えられている。夜9時を過ぎると夜食が食べ放題になる。

また、任CEOの「教育こそすべて」という考えに基づき、研修センターをJ区に設けている。ロビーはサッカーでもできそうな広さで、天井には一面に白い蓮をかたどった豪華な飾りつけをしていた。ここでは夜にさまざまな専門家たちの講演などが開かれ、社員は無料で聴講できる。また2階には賓客接待用の高級レストランも入っている。

ファーウェイと日本の大企業とのもう一つの違いは、社員の年齢構成ピラミッドである。ファーウェイ社員で多数を占めるのは、「90後」の若者たちなのだ。

彼らは入社すると「12級」を与えられる。以後、級数を上げていき、25級以上がボードメンバーとなる。社員は途中で、「管理線」(管理職コース)と「専家線」(専門職コース)のいずれかを選択する。

そして何と、定年は45歳!(これは中国のIT企業に共通している)。正確に言うと、中国の法定年齢(男性60歳、女性55歳)まで居続けてもよいが、45歳を過ぎて一定の級数に達していないと、閑職に回される。実際には「後勤」と呼ばれる周辺の仕事(ファーウェイ城下町のレストランやホテルなどでの勤務)に再就職する人も多いという。

推薦図書『アメリカの罠』

B区の財務センタービル1階にある「ファーウェイ図書館」にも足を運んだ。このビルの

5階の帳務管理部・集団財経人力資源部に、孟晩舟副会長兼CFOのオフィスがあるものと思われる。

「ファーウェイ図書館」は、荘厳な雰囲気だった。入口では中国茶のお点前をしていて、プロが淹れたお茶を味わいながら読書できるようになっている。茶菓子として、ちまきもサービスしていた。また「コーヒー派」のために、オシャレなカフェも併設されていた。

閲覧室に入ると、スペースの半分は「商業財経」コーナーになっていて、4分の1が「人文科学」になっていた。その残りが「文学詩歌」と「芸術美学」。ファーウェイだから技術書の図書館かと思いきや、ほとんどが文科系の本で埋め尽くされていた。これも任CEOの「思想と哲学を磨け」という教えによるものだ。閲覧室入口の「推薦図書コーナー」には、『甲午戦争』(日清戦争)という本もあった。「失敗に学べ」という意味だろう。

だが、ファーウェイのいまの「敵」は、何と言ってもアメリカである。入口には『美国陥阱』(アメリカの罠)が、これみよがしに立てかけてあった。著者はフランス人のフレデリック・ピエルッチ氏で、中国語版は2019年4月に出たばかりだ。この本は、ファーウェイ社内のあちこちで売られていて、日本料理店「喜代川」でも入口に積まれていた。

ピエルッチ氏は、1928年創業のフランス最大の重機メーカー「アルストム」の元原発部門責任者で、2013年4月14日、ニューヨークのケネディ国際空港に降り立った際、突

ワンフロア2000人入る社員食堂

図書館の閲覧室

然ＦＢＩ（米連邦捜査局）に逮捕された。その10年ほど前に中東などで行っていた取引が「反海外腐敗法」に違反したという容疑だった。

彼の主張によれば、それはまったくの濡れ衣で、アルストムの核技術がアメリカを超えてしまったため、恐れをなしたアメリカが、アルストムの原子力部門を叩き潰す決意を固めたのだという。結局、７億７２００万ドルの罰金を科せられたあげく、２０１５年に発電部門を、半ば強制的に米ＧＥに売却させられた。その後、アルストムは世界第３位の鉄道車両メーカーとして生き残り、２０１８年度の売り上げは81億ユーロである。

ピエルッチ氏は5月31日、中央広播電視総台（ＣＣＴＶ）のインタビューにも登場した。

「今回のアメリカによるファーウェイ叩きは、２０１３年にアルストムが受けた仕打ちとまったく同じだ。２０１３年の私が、現在の孟晩舟副会長だ。ファーウェイに何か問題があるから叩くのではなく、アメリカの水準を超えてしまったファーウェイの力を弱めて、アメリカの監視下に置くための策略なのだ」

中国政府はこの本の中国語版を、中央官庁の関係各部署に配布した。そしてファーウェイでは、この本を全社員に読ませようとしていた。

図書館入口右手の巨大なスクリーンには、古ぼけた戦闘機が飛ぶ写真が掲げられていた。第２次世界大戦の独ソ戦でナチスドイツと戦った旧ソ連軍の戦闘機「イリューシン２型」

だ。その写真の下にはキャプションが付けられていて、大きな赤字でこう書かれていた。

〈累々の傷を負わない者は、どうやって皮の肉が厚くなろうか。英雄とは古来、多くの困難に揉まれるものなのだ〉

その下に黒字のキャプションが書かれていた。

〈第2次世界大戦中に戦闘に遭い、篩《ふるい》のようになってしまったが、それでも渾身の力を振り絞って飛行を続けた「イリューシン2型機」は、ついに安全に帰還した〉

まさに任CEOの思いを伝える写真だった。ちなみに任CEOは、5月21日に中国記者団の取材を受けた際にも、この写真を記者たちに配っている。ナチスの総攻撃に遭ったソ連軍に、トランプ政権の総攻撃に遭っている自分たちを見立てているのだ。

スマートシティの実験場

夕刻に、F区のオフィスビル1階にあるインダストリー・ソリューションズの部門を訪問した。午前中がミクロなファーウェイの5Gの世界だったのに対し、こちらで聞いたのはファーウェイの5Gを駆使したマクロなスマートシティの未来像だった。

入口には、「この1秒が全世界の1万本の生産ラインの製造効率を上げる」と書かれていた。やはり任CEOの言葉だ。以下は、同部門の中堅幹部との一問一答である。

——ファーウェイの5Gスマートシティ構想の特徴は？

「スマートシティを人体に見立てるなら、個々の細胞にあたるのがＩｏＴだ。われわれは、『他社がＩｏＴを語る時、ファーウェイはすでに実践している』をスローガンにしている。つまり、世界のスマートシティ建設の先頭ランナーになるということだ。

実際、ここ深圳や東莞だけでなく、ファーウェイの8万人の研究者は、世界36の研究センター、１５００の実験室に散らばっており、『フォーチュン・グローバル５００』に入っている２１１社がパートナーだ。そしてすでに世界１６０以上の都市に、スマートシティを建設中だ。ソリューション・パートナーは１０００社以上、サービス・パートナーは３６００社以上、チャンネル・パートナーは2万社以上に上る」

——スマートシティの実例を教えてほしい。

「一番身近な例は、いまわれわれがいる深圳市龍崗《りゅうこう》区で、２０１４年からファーウェイがスマートシティ作りを実践している。このプロジェクトの目標は、『ある地域のすべてが一瞬にしてわかるようにすること』。区役所内にある大型モニターで、ある地点を指し示すと、そこの経済（地域の経済総量や物価など）、公共安全（人の流れの数量や映像、画像など）、流通（交通状況など）、環境（天気や温度、湿度など）、民生（生活の様子）、公共サービスなどが、一瞬にしてわかるようにしてある。かつ日々バージョンアップ中だ。

また、２０１５年から深圳市役所と協力して、スマート政府の取り組みも始めている。戸籍から納税、各種届まで、すべての市役所の業務を統合した。これによって市役所職員にも市民にも、大きな利便性が図られることになった。

他にも、教育や医療分野での取り組みを始めている。スマート教育は、教育の質的向上と統一化を図るもので、例えば、北京にいる清華大学のカリスマ教授の授業を、世界中どこでもいつでも受けられる。

スマート医療では、遠隔医療と医学ビッグデータの収集が可能になる。自分の身分証の中に健康データが入り、それを翳《かざ》して自宅で画面を見ながら血圧を測れたり、脳や心臓のスキャン画像を計測できるようになる。また医療ビッグデータにより、より正確な医療診断や健康方法が図られるようになる」

――スマートシティに関して、中国以外ではどんな試みを行っているのか？

「スマート航空、スマート鉄道、スマート運輸、スマート配達などを、世界中で進めている。例えば世界の10大空港中、北京、シンガポール、パリ、ドバイの４空港では、すでにファーウェイがスマート航空化を進めている。

スマート鉄道では、鉄道システム全体をコントロールし、レールの状態や温度などを24時間チェックし、異常があれば警報が鳴るようにする。この事業は中国中車（世界最大の鉄道車両メーカー）とともに進めている。

スマート電線は、サムスン、オラクル、中国南方電網などと共同で進めている。ＡＭＩ（エネルギー自動計量・課金）も進めており、これによって、各家庭の電気メーターを人間がチェックする必要はなくなった。中国北部の冬場の集団暖房も、光熱費を支払った家庭に支払った分だけ供給できる。

また、スマート・パイプラインによって、エネルギーの運搬を的確に行えるようになり、不具合が生じた場所が容易にわかるようになった。スマート油田では、油田生産運営センターをデジタル化することによって、効率のよい油田採掘ができるようになった。

今後は、金融データベースや、金融クラウドを発展させることで、モバイル・アクセスやフィンテックの分野も大きく変わるだろう。この分野でもわれわれは先駆者だ」

――スマートシティを構築する上で、ファーウェイの強みは何か？

「最大の強みは、８万人の優秀な研究者だ。ファーウェイは中国及び世界に、計１１４６ヵ所のオフィスがあって、各種のスマート計画が持ち上がると、まず自社のシステムで試してみる。それで問題がなければ外部で進めていくし、何か不具合が起これば、自信を持って世に出せるまで内部で改善していく。こうした社内での試行錯誤によって、世界のどんな環境

5Gパーク

スマートシティ実証実験

下でも対応できる強力なシステムができていくのだ」

個人のプライバシーがなくなる世界

会議の様子も見せてもらったが、誰かが会議室の白板にペンで書くと、それが世界中の参加者のパソコン上に投影される。社員一人一人のスマートフォンの中にある社内ネットも、膨大な情報量だ。

だが同時に、私は一つの疑問が湧いてきて、背筋が寒くなるのを覚えた。それは5G時代のスマートシティにおいては、「市民の生活を便利にする」ことと「市民のプライバシーを放棄する」ことが、表裏一体になるのではということだった。

中堅幹部にその質問をぶつけると、顔色一つ変えずに言った。

「ファーウェイが目指しているのは、『平安都市』(Safe City) づくりだ。そのための映像データはすべて、ファーウェイの映像クラウド上などに上げている。かつそれらのデータは、公安局(警察)や市役所など公的機関が管理している。ファーウェイはあくまでも、システムを提供するだけであって、データの保存や管理は行っていない」

イギリスの作家ジョージ・オーウェルが1948年に発表した近未来小説『一九八四年』では、オセアニア国の国家元首ビッグ・ブラザーが、各家庭に配備したテレスクリーンを通じて「戦争は平和なり、自由は隷従なり、無知は力なり」と言って国民を洗脳し監視する。同様に、清華大学のカリスマ教授が授業をやっているうちはよいが、清華大学OBでもある習近平主席の講話を、8Kテレビを通じて全国民が毎日聞かされることになりはしないか。指示通りに見終わった国民の身分証番号をチェックしていく仕組みを作れば、「不穏分子」を炙《あぶ》り出すことができる。

私は、2018年春に北京で若手科学者たちと対話した時のことを思い出した。それは、「AI時代と社会主義国家との親和性が極めてよい」という話だった。

西側諸国ほど個人のプライバシーを重視しない社会主義国・中国では、個人のビッグデータを集めやすい。AIはビッグデータの蓄積によって進化するから、14億人のビッグデータをフル活用できる中国は、AI技術が世界一進んで行く。そしてその進んだ監視カメラなどのAI技術によって、さらに国民のプライバシーは奪われていくというわけだ。

そんな指摘を私がすると、中国人の若手科学者は、苦笑しながらこう答えたのだ。

「西側諸国の人々は、『中国政府は個人のプライバシーを剝奪《はくだつ》している』と非難するが、あと10年、20年すれば、資本主義国だろうが社会主義国だろうが状況は同じになる。すなわちあらゆる個人データも個人の行動も外部に捉えられ、この地球上からプライバシーという言葉は死語になる」

工場では改善を推奨

翌日の午前中、深圳市の北郊に位置する東莞市の松山湖に、ファーウェイが2018年7月に完成させた（一部はまだ建設中）研究開発本部を訪れた。深圳のファーウェイ本社から、珠三角環線高速道路を北上すること45分、直線距離にして約50キロである。

殺風景な2階建ての工場群が、まるで叢雲《むらくも》のごとく連なっていた。中国では工場というのは、そこで何を生産しているか外部に知られないよう、なるべく目立たないように作る傾向がある。緑の風景の中に突然現れたこの工場群は、それを実践しているかのようで、外部からの写真撮影すら不可だとクギを刺された。

手前に建つ巨大な細長い体育館のような工場では、スマートフォンのP30シリーズの最終工程を行っていた。「iPhoneを超えた」と言われたファーウェイの最新機種で、日本では2019年5月下旬に発売予定だったが、アメリカが同社を「エンティティ・リスト」入りさせたことで突然、発売延期になった曰く付きのスマホだ。

2019年後半に量産を開始する5Gスマホ「Mate X」も、この奥の工場で作っているようだった。なお低価格帯の機種は、ホンハイ（鴻海精密工業）などに委託している。そのことは第6章で詳述する。

1階の表玄関のロビーには、「以奮闘者為本、長期艱苦奮闘」（奮闘者を以て本《もと》と為し、長期の艱難辛苦の奮闘をしよう）と、「奮闘」が2回も出てくる標語が掲げられていた。もちろん任正非CEOの言葉だが、現在P30シリーズが置かれている立場を象徴しているかのようだ。

2階へ上がって、更衣室で作業服を着て、靴をビニールで覆い、スマホやカメラ、カバンなど一切を預けさせられた。

更衣室には、「高効工作、快楽生活」（高い効率の仕事をして、楽しい生活を送ろう）と書かれた標語と、何枚もの写真が貼ってあった。それらの写真は「員工活動」（工場の勤務時間後の余暇活動）なのだという。サッカー、バスケット、バドミントン、綱引き大会もある。スポーツ以外では、書道に切り絵、写真撮影会……。

重い扉を開けると、そこには120メートルにわたって一直線に工程ラインが続いていた。入口には、再び任CEOの言葉が掲げてある。「一個最大的破産是絶望、最大的資産是希望」（二つの最大の破産は絶望であり、最大の資産は希望である）。

工場の幹部が概要を説明してくれた。

「スマートフォンの製造工程には、材料（部品）製造、主板組み立て、仕上げという3つの工程があるが、このラインでは主板組み立てと仕上げをやっている。工場は直線に作るのが一番効率的だから、このようにしている。

全部で11の工程からなっており、工員は1日2班の12時間×2交代制で、1回の作業に携わっているのは17人だけ。あとはすべてロボットが作業をする。

一つの工程は、スマホ1個当たり28・5秒以内に終える。このラインでの1日の製造個数は2400個。一つの工程を終えると、必ず工員が視認する。不良品は、『不接収、不製造、不流出』（受け取らず、作らず、流さず）で、その場で排除していく」

気づいたことが2点あった。一つは17人の工員たちの様子が淡々としていたことである。

私はこれまで中国で、多くの中国企業や外資系企業（日系企業を含む）の工場に足を踏み入れたが、そこで働く工員たちの顔は、おおむね3種類に分かれる。第一は誇りを持って、もしくは喜々として働いている人。第二は淡々と無表情で働いている人。第三は嫌々ながら、ふてくされたような様子で働いている人である。

それぞれ便宜上、「○顔」「△顔」「×顔」と分類すると、一般に1990年代は「○顔」が多く、2000年代になって「△顔」が増えた。だが2010年代になって若者がほぼ全員、贅沢な一人っ子世代になると、俄然「×顔」が多くなった。

例えば、2018年1月に深圳で視察した某日系企業の工場は、目にした工員ほぼ全員が「×顔」だった。彼らは新型のスマホを買いたいとか、新車を買う頭金が欲しいとかいう理由で、3ヵ月だけ我慢して働くというのが主流になっていた。ちなみにその工場は、最大時には5000人もの従業員がいたが、2019年に入って深圳から撤退を余儀なくされた。

ところがファーウェイの工場では、ただ17人見ただけだが、ただの一人も「×顔」がいなかった。こんな工場は、ここ10年ほど中国で見たことがなかった。後に深圳の人材派遣会社の関係者は「ファーウェイの工員の給料は深圳の工場でナンバー1だからだ」と語ったが、前出のファーウェイの工場幹部は別の理由を示した。

「それは工員たちのモチベーションが高いからだ。彼らには自分の持ち場で、小さな改善の提案をしてほしいとお願いしている。工員から提案があると、われわれはすぐにそれを実践する。それで業務が改善されれば、『改善達人』の称号を与えて表彰し、特別ボーナスも渡す。過去1年ほどで、すでに延べ36人が『改善達人』になった」

この工場で気づいた2点目は、ファーウェイのスマートフォンは、ファーウェイと多くの他の企業との協業だということだ。これまで、P30のカメラ部分にソニーのセンサーを使っているとかいうことは言われてきたが、工場内の機械類、ロボットもまた協業なのである。

ファーウェイが自主開発した機械には、「Auto　Man」のマークが付いていた。それ以外には、それぞれの会社のマークが付いている。

例えば、主板に部品を貼り付けていく重要工程は、「Auto　Man」のロボットが担っていたが、最も精密さを要求されるロボットのハンド（手首から先）部分は、三菱電機製に付け替えられていた。同様に、組み立て工程のいくつかの重要な部分で、愛知県の電子部品実装ロボットメーカー「ＦＵＪＩ」のロボットを使っていた。もちろんドイツの機械などもあったが、工場内での「日中協業」は顕著だった。

前日も認識したことだが、ファーウェイという会社は、ある分野で世界最先端の技術を持った会社があると、それが世界のどこにあろうが、協業しようとする。そしてカネに糸目をつけず、最高の製品作りに励む。まさに世界最大の「アメーバ企業」だ。

そして製品化する際に重要視するのは、製品の高技術化と効率化である。高技術を極めながら、なるべくシンプルになるよう極限まで削っていく。その結果が「安価で高品質の製品」となる。この逆のベクトルを向いた二つの作業こそが、ファーウェイの真骨頂なのだ。

その意味でファーウェイは、「発明する会社」ではなく、「工夫する会社」である。スマートフォンを発明したのは米アップル社だが、ファーウェイはそれを極限まで高技術化し、効率化した。それによって、２０１９年第１四半期において、ついにｉＰｈｏｎｅを抜き去った。換言すれば、20世紀後半に日本企業が行ってきたことを、21世紀の現在、ファーウェイが行っているとも言える。

研究開発本部はディズニーランドの世界

続いて、工場群から15分ほど車に乗って、東莞（松山湖）の研究開発本部「渓流背坡村」にやってきた。車が停まったのは、「パリ駅」前の駐車場。

何と任正非ＣＥＯは、松山湖の湖畔に、ヨーロッパの12都市・地域を模倣した町を創ってしまったのである。12都市・地域とは、オックスフォード、ウィンダミア、ルクセンブルク、ブルージュ、フライブルク、ブルゴーニュ、ベニス、パリ、グラナダ、ボローニャ、ハイデルベルク、チェスキー・クルムロフだ。

ここはまさに、「任正非のディズニーランド」だった。「世界最高の研究開発センターを創る」という長年の夢と理想を体現した「桃源郷」だ。

建築面積は、深圳本部の約９倍にあたる１４０万平方メートル。２０１４年９月に着工し、１０８棟もの研究開発棟が立ち並び、２万５０００人の研究者を収容できる。６７３５台分の駐車場を有し、35軒のレストランやカフェなどを持つ。内科・外科など60人の医療スタッフも駐在している。総工費は約１００億元（約１５７０億円）だ。

敷地の中を２両編成のモノレールが６分おきに走る。その全長は７・８キロで、12駅中、８駅が開通していた。

２０１８年夏から、７月に２７００人、８月に５４００人……と、深圳本部から引っ越しを始めた。私が訪問したときも引っ越しと拡張工事が続いていた。

「パリ」の中心棟は、ベルサイユ宮殿を思わせる5階建てで、内部のインテリアは白に統一されていた。各研究者たちには広々とした個室が与えられており、窓からは他の都市や湖が眺望できる。それぞれ趣向を変えたインテリアの会議室も散見された。5階は豪華なシャンデリアが付いた研究者たちのサロンになっていて、舞踏会もできる。無料のスポーツジムも完備していた。

このグーグルもビックリの研究施設で、いったい何を研究開発しているのか？　ファーウェイの関係者は一様に、「それは企業秘密で明かせない」と口を噤《つぐ》む。だが、豪華な社員食堂で一人で食事していた某先進国の研究者から、話を聞くことができた。

「私は母国から香港経由でファーウェイに来て2週間になる。ファーウェイと共に、次世代のスマホを開発している。5Gではなく、その先の話だ。研究内容を簡単に言えば、スマホのすべての機能をメガネの中に入れる研究だ。これが完成すれば、スマホを持ち歩く必要がなくなるし、VR（仮想現実）やAR（拡張現実）にもそのまま活用できるようになる」

メガネ型スマホの話は、私も聞いたことがあった。2018年3月に76歳で死去した「車椅子の天才物理学者」スティーヴン・ホーキング博士が、アメリカの研究者の協力を得て使用していたからだ。それはホーキング博士の眉の動きを、メガネに内蔵されたセンサーが感

研究開発本部内の「パリ」

研究開発本部内の「チェスキー・クルムロフ」

じ取って、音声を発する装置だ。

それにしても、５Ｇの世界がこれから展開されるというのに、ファーウェイは「ディズニーランド」で、すでに６Ｇの研究開発に余念がないのである。

ところでこの研究者の母国は、アメリカと強力な同盟関係にある。これだけトランプ政権のファーウェイ叩きが激化している中で、撤退しなくてよいのか？

その研究者は、苦笑しながら答えた。

「トランプ政権は、本当にバカなことをしたものだ。こんなことをやっても米中両損で、勝者はいない。それにファーウェイを叩いているのは、第２次世界大戦後の秩序を維持したいためであって、ファーウェイが何か悪いことをしでかしたからではない。私は自分の経験上、自信を持って言えるが、ファーウェイは北京政府ではなく世界に目が向いた、大変素晴らしい会社だ。

わが国は、今後とも中国との関係を維持するし、私もファーウェイとの共同開発を、絶対にストップしない。それは他のわが国の企業や研究者たちも同様だろう」

このどんよりと奥深い目をした白人の言葉は、トランプ政権のひと言で尻に火が付いたようになっている日本企業とは対照的だった。ちなみに、「日本人研究者は見かけないが、韓国人研究者は相変わらず仕事している」とも語っていた。

ブラック・スワンと灰色のサイ

2両編成の茶色のモノレールに乗って、パリ駅を出発し、ベニス駅を経てチェスキー・クルムロフ駅へ。そこから再びパリ駅に引き返してきた。車窓に広がる広大な緑の中に、それぞれのヨーロッパの都市を模した建物があり、湖がありで、ここが中国広東省とは思えない。

車内では、ヴィヴァルディの『春』がBGMでかかっていた。同じ車両に、胸にファーウェイの赤いロゴが入った白いTシャツを着ている若者たちが乗り込んできた。聞くと5月に中途入社した新入社員たちで、北京、上海、西安など中国各地から来ていた。

「アメリカがファーウェイを制裁リストに入れた月に入社することをリスクと思わないの?」――私は意地の悪い質問を投げかけてみた。すると、「そんな圧力で潰されるファーウェイではない」と一人の青年が答え、周囲が肯いた。

パリ駅でモノレールを下りて、壁に冬の樹木を描いた大型の風景画が掛かったエスカレータを2階分上がると、巨大な社員食堂があった。ちょうど昼時だったこともあり、若い研究者たちでごった返していて、入口では前述のフランス人が書いた暴露本『美国陥阱』が売られていた。

前日と味を較べてみようと思い、再び牛肉麺をいただく。やはり絶品の味で、こちらは肉《ロウ》餅《ビン》までサービスで付いてきた。このような大型の社員食堂は8ヵ所オープンしている。

食後に、パリからベニスまで川沿いに散策した。ローマの勝利広場を模したところに橋が架かっていて、橋のたもとから川べりに降りていった。

そこでは、つがいのブラック・スワン（黒天鵝《ヘイティエンウー》）が泳いでいた。その近くには、灰色のサイ（灰犀牛《フイツイニウ》　英名はグレーリノ）の銅像が置かれている。これも任正非CEOの指示で、ファーウェイのすべての池や湖で、ブラック・スワンのつがいを飼うことが定められている。

ブラック・スワンは、市場において事前にほとんど予想できず、起きた時の衝撃が大きいリスクのこと、灰色のサイ（グレーリノ）は、市場において高い確率で存在し、大きな問題を引き起こすにもかかわらず、軽視されがちなリスクのことを示す。どんな好景気の時も、この二つのリスクを常に戒めるようにということだ。

ちなみにファーウェイ内部では、「トランプ大統領はブラック・スワンか、灰色のサイか」という議論が俎上《そじょう》に上っていた。

私は、深圳本部の湖で飼われているブラック・スワンも見たくなって、再度足を運んだ。

この日も、湖畔には人っ子一人見当たらず、静謐な雰囲気に包まれていた。

湖の向こう岸に、任正非CEOが使う接待所の一軒家が見える。その奥に任CEOのオフ

湖の先に任CEOが使う接待所が見える

イスがあるというが、鬱蒼《うっそう》とした木々に囲まれて窺えない。本当に、この静かな環境に身を置いていると、ファーウェイを巡る外部の喧騒のことなど忘れてしまいそうだ。

ブラック・スワンのつがいは長い間、岸辺を離れなかった。ようやく1羽が泳ぎ出し、湖を北から南に縦断した。

岸辺に上がると、細長い首をブルブルと振るわせ、かなりの間、必死にもがくような素振りを見せ続けた。まるでアメリカの攻撃に苦しむ任CEOの姿がのり移ったかのようだ。

だがついに、ブラック・スワンの首の動きが止まった。と、次の瞬間、紅い嘴《くちばし》の先を隣に置かれた青いかごの中に突っ込んで、激しくエサを貪り始めた。

第2章　トランプ政権が仕掛けた対中ハイテク覇権戦争

トランプの怒り

私はここ2年半ほど、朝起きて真っ先に行う「日課」がある。それは、枕元に置いたスマートフォンを手元に手繰り寄せて、トランプ大統領のツイッターを確認することだ。

聞けばいまや、日本を含む世界の多くの国々の外務省が、「トランプ・ツイッター担当チーム」を設置し、24時間絶え間なくチェックしているという。日本では外務省ばかりか、首相官邸や主要官庁でも同様の作業を行っている。

トランプ大統領は、第2次世界大戦後のハリー・トルーマンからバラク・オバマまでの12人の歴代大統領と比較して、極めて「特異」な存在である。それまで政治家経験がゼロだったことに始まり、外交面でもまったく違う考えの持ち主である。

歴代大統領は、共和党出身であれ民主党出身であれ、「理念外交」――自由・民主・人権といったアメリカの理念を世界に拡大させる外交を貫いてきた。それに対し、トランプ大統領は「実利外交」――短期的な損得を追求する外交を展開する。トランプ大統領にとって外交とは、これまで自身が実業界で行ってきた「商談」の延長以外の何物でもない。

そして政策や方針を発表する際、トランプ大統領は記者会見ではなく、ツイッターという新しいツールを使う。当初は周囲が注意したものだが、もはや誰も止めなくなった。

トランプ大統領のツイッターは、「つぶやく《ツイート》」というより、まるで速射砲を撃ちまくっているイメージだ。とにかく下世話に、国内外のことに関して自己主張を「撃ちまくる」。

２０１９年５月13日は、中国批判を６回、翌14日には８回も「撃った」。それはこんな調子だ。

「これでゲームオーバーで、われわれが勝つ！　いつだって中国は、ディール（取引）を望んで来るさ！」

「われわれはいまや、これまでのどのディールの時よりも、はるかに好位置にいる。アメリカで生産すれば、関税ゼロだ。中国の代わりに関税非対象国から輸入することもできる。だから多くの企業が中国から撤退している」

「われわれの経済は、中国よりもずっと大きい。アメリカは、誰でも入って来て取り放題の『宝の山』だった。もうたくさんだ！」

トランプ大統領が、この時期、中国に対して怒り心頭だったのは、まとまると思いかけていた中国との第11回閣僚級貿易協議が、決裂してしまったからだった。

「米中決裂！」――５月10日、この衝撃的なニュースが、世界を駆け巡った。中国側の態度に業を煮やしたトランプ政権は、11回目の米中閣僚級貿易協議のさなかに、２０００億ドル分の中国製品への追加関税を、10％から25％に引き上げてしまった。中国のメンツを丸潰しにする仕打ちだ。

中国側も同日、報復措置を発表した。２０１８年９月24日に実施した対米報復措置「第３弾」６００億ドルのアメリカ産品に対する現行の５％もしくは10％の追加関税を、６月１日から、２４９３品目を25％に、１０７８品目を20％に、９７４品目を10％に、５９５品目を５％にするというものだ。全体的には、かなり大幅な関税アップとなる。

すると、アメリカはさらなる報復として、５月13日にＵＳＴＲ（米通商代表部）が、新たな中国製品３８０５品目、約３０００億ドル分に対して、最大で25％の追加関税をかけると発表した。実施時期は、公聴会などを開いて決めるが、２０１９年夏か秋が想定された。

この３０００億ドル分は、２０１８年の輸入額の多い順に、携帯電話４４７億ドル、ノートパソコン３８６億ドル、おもちゃ１１９億ドル、ビデオゲーム53億ドル、モニター（パソコン用他）46億ドルがトップ５である。いずれも、アメリカ人の生活に密着するものだ。

これに対する中国の反応は、すさまじかった。14日の外交部の定例記者会見で、耿爽《こうそう》報道官が３度にわたって、こう吠えたのだ。

「中国は戦いたくない、戦う気もない、だが絶対に戦いを恐れない。もしも何者かが玄関まで襲ってきたなら、必ずや最後まで付き合ってやる！」

〝新冷戦〟布告

だがトランプ政権の対中報復は、中国からの輸入全品に追加関税をかけるという前代未聞の措置に終わらなかった。さらにもう一つ「奥の手」を用意していた。米中の「ハイテクのカーテン」、すなわち「新冷戦」を決定づけるような発表を、5月15日に行ったのである。

この時の「ハイテクのカーテン」の発表は、第2次世界大戦後の1946年3月にウィンストン・チャーチル元英首相が行った、米ソ冷戦を告げる「鉄のカーテン」演説に似ていた。すなわち「米中新冷戦」のアメリカからの「宣戦布告」とも言えるものだった。後世の歴史には、日本が「令和改元」に沸いた2019年5月は、「米中新冷戦を告げる『ハイテクのカーテン』が引かれた月」と記されるかもしれない。

この日のトランプ政権の発表は、ホワイトハウスの声明文と、商務省の声明文に分かれていた。まず先に出したホワイトハウスの声明文は、以下の通りだ。

〈本日、ドナルド・トランプ大統領が、「情報と通信技術とサービスのサプライチェーンの保護」と題する大統領令にサインした。トランプ大統領は、自己の政権がアメリカの安全と繁栄を維持するために必要なことを行い、アメリカの情報、通信技術インフラ、サービスの脆弱性を作り出し悪用している外国の敵から、アメリカを保護することを示した。この大統

領令は、アメリカの情報、通信技術、サービスに対する脅威への国家緊急事態を宣言するものである〉

アメリカ政府のターゲットは、「5G時代の世界」を牽引しようとしている世界最大の通信機器メーカー、ファーウェイ・テクノロジーズ（華為技術）にあった。ファーウェイを「外国の敵」と規定し、その台頭を「国家緊急事態」と捉えている。そしてその対策を、商務長官が取るというのだ。

これについては、アメリカ商務省が同日に行った、もう一つの声明文に詳しい。

〈アメリカ商務省の産業安全保障局（ＢＩＳ）は本日、ファーウェイ・テクノロジーズとその関連会社を、「エンティティ・リスト」（Entity List）に追加することを発表した。この措置は、ファーウェイがアメリカの国家安全保障上の、もしくは外交政策上の利益に反する活動に従事していると結論づける合理的な根拠がもたらされる、商務省の入手可能な情報に基づくものだ。アメリカの技術を「エンティティ・リスト」上の企業もしくは個人に販売・譲渡するには、ＢＩＳによる認可が必要だが、その販売もしくは譲渡がアメリカの国家安全保障や外交政策の利益と合わない場合は、却下されることがある〉

声明文には、ウィルバー・ロス商務長官の次のコメントが添えられていた。

「商務省ＢＩＳによる今回の措置は、アメリカ大統領のサポートを得て、世界最大の通信機器メーカーである中国籍のファーウェイを、リストに入れるものだ。これによってアメリカの技術が、外資系企業によってアメリカの国家安全保障、もしくは外交政策の利益に反する可能性がある形で損なわれるのを防ぐ」

実際、翌16日にファーウェイは「エンティティ・リスト」に入った。これによってファーウェイは事実上、アメリカ企業から部品などを購入することができなくなってしまった。

アメリカの論理は、ファーウェイがどれほど世界に君臨する「巨竜」だろうが、「牙」(アメリカ製の半導体部品など)を抜いてしまえば、力尽きるというものだった。そしてファーウェイさえ滅べば、アメリカの21世紀の「ハイテク覇権」は安泰だというわけだ。

ファーウェイは２０１８年10月、同年の大口取引先を発表している。いわゆる「92社リスト」と呼ばれるものだが、その中にはアメリカ企業が33社も入っていた。インテル、マイクロソフト、アクセンチュア、ＣＳ&Ｓ、オラクル、シーゲイト、ブロードコム、コムボルト、マイクロン、レッドハット、ルーブリック……。これらの企業から計１１０億ドルも、半導体部品その他を調達していた。トランプ政権の措置は、こうしたファーウェイの世界１７０ヵ国にまたがるサプライチェーン(供給網)を崩壊させることを意図していた。

ファーウェイは、通信システムと端末(スマートフォン、ＰＣ)合わせて、２０１８年に７２１２億元(約11・３兆円)を売り上げていた。２０１９年に入ってからは、「５Ｇ商用化元年」と位置づけ、世界の5G推進の牽引役を果たしてきた。アメリカとしては、これ以上黙認していたら、「巨竜」をストップできなくなると、危機感を抱いたのである。

私はこの日（アメリカ時間の5月15日）、トランプ大統領はどう考えているのだろうと思い、ツイッターで確認した。すると、意外にも何もつぶやいていなかった。まさかと思い、しばらく時間をおいて再度、確認したが、やはり何のコメントもなかった。

私は過去2年半、トランプ大統領のツイッターのフォロワーをしていて断言できるが、これほどの重要時に何もつぶやいていないということは、トランプ大統領自身は「ファーウェイ叩き」に関心がないことを意味した。実際、5月18日から21日まで令和最初の国賓として来日したトランプ大統領は安倍首相にこう漏らしたという。

「アメリカにとって中国とは、叩き潰す相手ではなくて、儲ける〝道具〟だ。これまで歴史的にそうだったし、これからもそうだ。だから極端にいじめる必要なんかない。だが強硬な部下たちが言うことを聞かないんだ」。当の大統領が無関心な中で、米中が新冷戦時代に突入してしまうかもしれない――ここに現代世界の真の恐さがあった。

ファーウェイの危機感

トランプ政権の「奇襲」を受けたファーウェイは、5月16日に緊急声明を発表した。

〈わが社は、アメリカ商務省産業安全保障局による決定に反対する。この決定は誰の利益にもならない。ファーウェイが取引しているアメリカ企業に大きな経済的ダメージを与え、アメリカ国内の雇用に影響を与える。それに加えて、グローバルなサプライチェーンで培われてきた協業と相互信頼を分断させるものだ。〉

同日には、中国商務部の高峰《こうほう》報道官も、会見で怒りをあらわにした。

「アメリカの二つの発表は、理解しがたいものだ。われわれはいかなる国家であろうと、国内法に基づいて中国企業に対して一方的な制裁を実施することに、決然と反対する。中国側は一切の必要な措置を取っていき、中国企業の合法的な権利を決然と維持し、保護していく」

「エンティティ・リスト」に入ったことでファーウェイが最も打撃を受けるのは、アメリカ製の半導体部品の供給が受けられなくなることだった。ファーウェイはグーグルのOS「アンドロイド」を使い、アームのCPUを使い、クアルコムからは年間5000万セットものコアチップを購入していた。

ファーウェイは自前で半導体の設計を行うべく、2004年にハイシリコン（海思半導体）を設立している。現在は本部機能を深圳から上海に移し、2019年第1四半期の売り上げは17億5500万ドルで世界5位。約1万人の社員を抱えており、その多くが研究者や技術者だ。

ハイシリコンの名物女性経営者・何庭波《かていは》総裁は5月17日、全社員に向けて危機感溢れる激励文を一斉メールした。私も入手して読んだが、かなりの長文で、要約すると以下の通りだ。

〈尊敬するハイシリコン社員の皆さん、ファーウェイがエンティティ・リストに入れられた。もう何年も前に、やはり風雲の季節があって、会社が存続の危機に陥るという仮説を立てた。それはいつの日か、あらゆるアメリカの先進的なチップや技術が入手不可能になり、それでもファーウェイは顧客へのサービスを続けなければならないというものだ。

いまがまさに、運命の暗黒の時だ。超大国が一片の情もなく、何の根拠も示さないまま、全世界の提携の技術と産業のシステムを断ち切り、最も狂った決定を下したのだ。

今日は歴史の選択の日だ。われわれが準備してきたものを、一夜にしてすべて表に出すのだ！　顧客に継続してサービスが行えるよう承諾してもらうのだ。この暗黒の日は、ハイシリコンの平凡な社員たちを時代の英雄に押し上げる日なのだ！〉

5月21日、ファーウェイの任正非CEOも、中央広播電視総台（CCTV）の名物キャスター董倩《とうせい》ら中国記者団の取材を受け、強気な発言をした。

「われわれはすでに、準備万端整えている。思えば、われわれはすでに1年前からアメリカの『エンティティ・リスト』に入っていたようなものだった。アメリカの政治家たちの目算は、われわれの実力を低く見積もりすぎている。ファーウェイの５Ｇは、絶対に影響を受けない。５Ｇの技術にかけては、他社は2年か3年の間は、絶対にファーウェイに追いつけるものではない。

われわれも、アメリカ製のコアチップと同レベルのものを作れる。ただアメリカ企業に売らないとは言わないがね（笑）」

「中国の指定5社」

任正非ＣＥＯが吐露しているように、アメリカからの「ファーウェイ攻撃」は、すでに２０１８年夏から始まっていた。

同年８月13日、トランプ大統領は、７８８ページにも及ぶ膨大かつ精緻な法律――国防権限法に署名した。正式名称は「H.R.5515 John S. McCain National Defense Authorization Act for Fiscal Year 2019」。この月に81歳で逝去したジョン・マケイン上院議員の名が冠せられた。

国防権限法の核心は、中国とのハイテク覇権戦争における中国側の最大最強の「戦士」、すなわちファーウェイを撃滅することにあった。

具体的には、この法律の282ページから284ページにあたる「第889条」で、「特定の電気通信及びビデオ監視サービスもしくは機器に関する禁止」という表題がつけられている部分だ。技術用語と法律用語が羅列されているが、要約すると次の2点に収斂《しゅうれん》される。

①2019年8月13日以降、「中国の指定5社」を、アメリカ公的機関の調達から排除する。
②2020年8月13日以降、「中国の指定5社」と取引があるアメリカ及び世界の企業も、アメリカ公的機関の調達から排除する。

「中国の指定5社」とは、以下の通りだ。

①ファーウェイ（華為技術）……世界最大の通信機器メーカー
②ZTE（中興通訊）……世界4位（中国2位）の通信機器メーカー
③ハイテラ（海能達）……世界最大の無線メーカー
④ハイクビジョン（杭州海康威視数字技術）……世界最大の防犯カメラメーカー
⑤ダーファ（浙江大華技術）……世界2位の防犯カメラメーカー

この5社の中でも、とりわけアメリカが「本命視」しているのが、ファーウェイだった。「国防権限法」という法律名からもわかるように、アメリカが真に恐れているのは、今後の5G時代に、主力となっていく「AI兵器」で、中国に覇権を握られることだった。そこで5G時代の中国の主力を担うファーウェイを、徹底的に潰すことを決意したのだ。

トランプも知らなかった副会長逮捕劇

アメリカは、2018年暮れに、さらなる直接的な手段に出た。「12月1日、バンクーバー空港にて、ファーウェイの孟晩舟副会長兼CFOを逮捕した。これは、アメリカからの要請に基づく措置である」

現地時間の2018年12月5日夕刻（日本時間6日午前）にカナダ司法省が行った発表に、世界中が騒然となった。孟晩舟副会長兼CFOは、任正非CEOの長女で、ファーウェイの事実上のナンバー2だからだ。

そのわずか4日前の12月1日、アルゼンチンの首都ブエノスアイレスで開かれたG20（主要国・地域）サミットの終了後に、トランプ大統領と中国の習近平《しゅうきんぺい》国家主席が、1年1ヵ月ぶりとなる首脳会談を行っていた。そこで米中貿易戦争は一段落したと見られていただけに、世界中に衝撃が走ったのだ。

米中貿易戦争は、２０１８年7月に「第1弾」、8月に「第2弾」、9月に「第3弾」を、米中が互いに撃ち合った。これによって相対的に経済が疲弊したのは、中国のほうだった。中国のＧＤＰは、アメリカの3分の2程度だからだ。特に第3弾でアメリカが、２０００億ドル分に10％の追加関税をかけたことが、中国経済に打撃を与えていた。

アメリカは、追加関税をあえて10％に抑えて、２０１９年元日より25％に引き上げると定めていた。これによってアメリカが見越した通り、中国内外の企業が中国から「逃亡ラッシュ」を始めていた。そのまま放置しておけば、中国人の最も大切な祝日である春節（２０１9年2月5日）の前に、中国企業の倒産ラッシュが起こることが懸念された。そこで中国側が懇願する形で、ブエノスアイレスＧ20で米中首脳会談に持ち込んだのだ。

この時、習近平主席は、今後はアメリカ製品や農産品などを、さらに一層買うことを約束して、アメリカから「執行猶予」を得た。すなわち追加関税を25％に引き上げる時期を、3月1日に延期してもらったのだ。その間に、米中閣僚級貿易協議を再開することになった。

そうやって中国側がホッと一息ついた刹那《せつな》に、孟副会長の逮捕劇が起こったのである。習近平主席はＧ20の後、アルゼンチン公式訪問が続いていて、宿泊先で第一報を聞き、眉をひそめたという。

一方、トランプ大統領のほうも、あろうことか米中首脳会談が終わるまで、この逮捕劇を知らされていなかった。中国との首脳会談に影響を与えたり、逮捕予定を変更させられることを恐れたジョン・ボルトン大統領安保担当補佐官が、故意に報告を怠っていたのだ。この事実は、後にボルトン補佐官自身が、米メディアの取材で漏らしたが、図らずもファーウェイ問題に関して、ホワイトハウスが一枚岩でないことを露呈させたのだった。

実は孟副会長も、米中首脳会談が行われた12月1日の朝まで、同じブエノスアイレスに滞在していた。

ファーウェイは、G20で世界の指導者たちがブエノスアイレスを訪ねる2018年11月下旬が「決戦の場」になると見て、孟晩舟副会長ら最高幹部が、アルゼンチンに集結した。そしてアメリカを除く各国の首脳たちに、ファーウェイの5Gシステムを売り込み、アメリカが喧伝している「スパイ企業」とのレッテルを払拭しようと、全力を挙げたのだ。

孟晩舟副会長は、ファーウェイを語る上で欠かせないキーパーソンである。1972年に、任正非CEOの長女として生まれた。湖北省武漢にある華中理工大学（現・華中科学技術大学）を1992年に卒業し、中国5大国有商業銀行の一角である中国建設銀行に就職。だが翌年、父親の会社に入社した。その頃、両親はすでに離婚しており、孟晩舟は父親のことを伏せて一般入社した。母親を捨てた父親への反発があったのかもしれない。

入社後3年は、総務部でコピー取りや製品の帳簿整理など下積みをし、1996年にファーウェイが初参加したモスクワの国際通信システム展覧会に同行した。1998年に財務部に異動し、同年修士号取得。2003年に彼女が中心となって、ファーウェイは世界統一の財務組織を構築した。

2011年4月、孟晩舟はファーウェイの常務理事兼CFOに就任した。この時に初めて、任正非の娘であることを公表したという。それから7年後の2018年3月23日、彼女はファーウェイの4人目の副会長となった。

自分の後継者問題に関して、任正非CEOは、日本記者団とのインタビュー（2019年1月18日）で、次のように述べている。

「孟晩舟は決して後継者になることはない。彼女は管理職として、社内の調整や運営管理に長けている。一方で、後継者は戦える人間でなければならない。市場洞察力や深い技術的背景、それに市場での豊富な実践経験を備え、哲学や社会学なども深く探究している必要がある。リーダーたる人間は、毎日皆と一緒にコツコツ体を動かしていればいいというわけではない。最も重要な役割とスキルは、方向を見極めることだ」

これは任CEOのホンネだろう。私も孟副会長が後継者になることはないと見ている。前章で詳述したように、ファーウェイの関係者たちを取材したが、誰もが任CEOと同様の意見を述べた。いずれにしても、2019年10月に75歳を迎える任CEOの後継者問題は、アメリカ対策と並んで、ファーウェイの「二つの難題」と言える。

孟晩舟副会長は私生活では、投資会社を経営する男性と結婚し、息子と娘がいる。息子は２０１９年の年初時点で、アメリカ東部のハイスクールに通っている。

そんな彼女は、２０１８年11月下旬、ファーウェイ幹部とともに、アルゼンチンに出張した。途中、ＡＰＥＣ（アジア太平洋経済協力会議）が開かれ、習近平主席や安倍晋三首相らが訪問していたパプアニューギニアにも立ち寄ったものと思われる。この時、ファーウェイを中心とした中国が、同国の５Ｇ整備を担うことが決まったからだ。

12月１日昼のランチ・ミーティングで、Ｇ20サミットが終了した。父親の任正非ＣＥＯは、４日に現地入りしたが、娘の孟晩舟副会長は、この日の明け方、ブエノスアイレスのエセイサ空港を発った。

孟副会長は、飛行距離１万１３１９キロ、約18時間のフライトで、ブエノスアイレスとは４時間の時差があるバンクーバー空港に、現地時間の同日夕刻に到着した。ブエノスアイレスでは、トランプ大統領と習近平主席の米中首脳会談後の晩餐会が終了した直後である。

孟副会長は、バンクーバーでトランジットして、香港経由で深圳に戻る予定だった。だがバンクーバー空港に降り立ったところで、空港警察に取り囲まれ、別室に押し込まれた。そして約３時間も尋問が行われたあげく、逮捕されてしまったのである。前述のように、同盟国のアメリカから身柄引き渡しの要請を受けて、カナダ政府が動いたものだった。逮捕容疑は、アメリカの対イラン経済制裁に違反した詐欺罪などだった。

後に孟副会長の弁護士は、空港で尋問中に、カナダ警察が孟副会長のパソコンと携帯電話を押収し、かつ暗証番号を明かすよう強制したと証言した。この時、ファーウェイの最高機密情報が、カナダ経由でアメリカに渡ったものと推定される。そしてその機密情報は、2019年5月に米商務省がファーウェイを「エンティティ・リスト」に入れる際に、利用したに違いなかった。

バンクーバー空港で逮捕された孟副会長は、そのままバンクーバー市内の拘置所に勾留された。そして6日にこの事件が表面化してからは、米中の非難合戦が激化していった。

そんな中、12月11日にバンクーバー地裁はようやく、孟晩舟副会長の保釈を認めた。保釈金は、1000万カナダドル（約8・1億円）。しかも、パスポートは押収されてカナダからの出国禁止、夜間の外出禁止、かつ身体にGPS装置の装着を義務づけるという厳しい条件つきだった。彼女の審理が始まるのは、年をまたいで2019年2月5日からと決まった。

保釈された孟副会長の、やつれたスッピンの顔が、テレビカメラに捉えられた。ラフな格好の孟副会長は無言のまま、バンクーバーに保有する4・7億円の豪邸に姿を消した。

アメリカの対ファーウェイ攻撃

年が明けて２０１９年1月28日、アメリカ司法省のマシュー・ウィテカー長官代行、ロス商務長官、キルステン・ニールセン国土安全保障長官が、厳しい顔つきで会見場に現れた。

「本日、ファーウェイ、ファーウェイのアメリカ法人、スカイコム・テック（星通技術）、及び孟晩舟副会長兼ＣＦＯを、アメリカ連邦大陪審が起訴した」

アメリカ司法省はこの日、起訴と同時に、孟晩舟被告の身柄引き渡しを、カナダ政府に正式に要請した。これによってカナダ側は３月１日までに、身柄引き渡しの手続きを進めるかどうかを判断することになった。

アメリカ政府の起訴状には、計23項目にもわたって、孟晩舟副会長らの罪状が、重々しく記されていた。

第一の刑事案件は、ニューヨーク連邦地裁が提出した25ページの起訴状で、13項目の容疑をかけていた。ファーウェイとその子会社、孟晩舟被告らは、アメリカのイラン向け禁輸措置に反して、アメリカ産の産品や技術を輸出。合わせてマネー・ロンダリングや金融詐欺などを行ったというものだ。これは、ファーウェイが香港でメインバンクの一つにしているＨＳＢＣ（香港上海銀行）から情報提供を受けたと報じられた。たしかにアメリカ司法当局は、２０１８年12月上旬に、香港に調査団を派遣していた。

第二の刑事案件は、シアトル連邦地裁が提出した28ページの起訴状で、10項目の容疑をかけていた。それはファーウェイが、長期にわたってアメリカの特許技術を盗み続けたというものだ。特に悪質な事例として、2012年6月から2014年9月にかけて、TモバイルUSの機密を盗んだ案件が挙げられていた。

第三は、ニューヨーク連邦地裁が提出した起訴状の中で、孟晩舟被告が虚偽の証言を行い、アメリカ政府及び国際機関を欺《あざむ》こうとしたため、カナダ政府に対して、本人の引き渡し請求を行うというものである。

起訴状には、それぞれ詳細な内容が示されていた。例えば、アメリカ三大移動通信キャリアの一角Tモバイルを狙い撃ちにした機密窃盗事件の概要は、以下の通りである。

〈2012年当時、Tモバイルは、独自の優れた携帯電話専用自動検測ロボット「Tappy」を開発していた。この最先端技術によって、人間の手の指をまねて様々な画面上の操作やアプリへの応用を試すことができた。

Tモバイルは「Tappy」を、高度に機密が保たれた実験室に保管しており、ごく限られたエンジニアしか入室を許さなかった。その中に、大口の取引先であるファーウェイの技術者も含まれていた。

ファーウェイは「Tappy」を複製したいと考え、その技術や原理などを、Tモバイルの技術者に詰問した。しまいにはTモバイル側が警戒感を強め、ファーウェイの技術者の立ち入りを制限するようになった。

これに対しファーウェイは、中国から専門の技術者を派遣し、何らかの手段で「Tappy」が保管された実験室に入り込み、詳細な写真を撮った。この行為がTモバイルの社員に発覚し、直ちに追放された。だが翌日、ファーウェイの技術者は再び侵入し、追い出された。

この一件があってから、Tモバイルはファーウェイ関係者の入室を、ただ一人の社員に限定した。するとそのファーウェイ社員は、「Tappy」の手脚を折って持ち逃げしたのだ。

この行為に堪忍袋の緒が切れたTモバイルは、すべてのファーウェイ関係者の入室を禁じるとともに、ファーウェイとの提携契約を全面的に解除した。だがまもなくファーウェイは、自動検測ロボットを「自主開発」し、自社の携帯電話の性能を飛躍的に向上させた。

Tモバイルの試算によれば、その経済効果は1億ドルでは済まないほどだ。そこでTモバイルは2014年、シアトル連邦地裁にファーウェイを相手取って、この窃盗事件に関する訴訟を起こした。この民事訴訟はこのほど、ファーウェイからTモバイルへ480万ドルの支払いを命じる、Tモバイル側勝訴の判決が下された〉

アメリカ政府はこの案件を、今度は刑事犯罪として裁こうというのだった。ファーウェイが犯した罪は、アメリカの知的財産及び核心技術に対する犯罪行為だという論理である。

当の孟晩舟被告は1月29日、バンクーバーの裁判所に出廷した。裁判所はこの日、次回の出廷日を3月6日と定めた。

ファーウェイも1月29日、声明を発表した。

〈孟晩舟の拘束後、当社はニューヨーク東地区連邦地方裁判所による調査について、アメリカ司法省と議論する場を求めてきたが、当社の希望は説明なく拒否された。一方、ワシントン西地区連邦地方裁判所による企業機密に関する起訴は、同裁判所が本件による被害、また、故意及び悪質な行為はなかったと判断した民事訴訟を経て、当事者間ですでに解決されている。本件起訴で述べられているようなアメリカの法律に反する行為を、当社または当社の子会社や関係会社が行ったということを当社は否定し、また、孟によるいかなる不正とみなされる行為も把握していない〉

たしかに起訴状の全文に目を通すと、「坊主憎けりゃ袈裟まで憎い」の感は否めなかった。中国では孟副会長が逮捕されて以降、「罪を着せたいのだったら、どんな口実だってためらわない」（欲加之罪、何患無辞）という春秋戦国時代の成語が、流行語になった。

アメリカが起訴を発表した2日前には、カナダのトルドー首相が、ジョン・マッカラム駐中国カナダ大使を解任したと発表した。マッカラム大使は、「孟晩舟副会長のアメリカへの身柄引き渡し要求には重大な欠陥がある」として、回避を求めていた。マッカラム大使は国防相や移民難民相などを務め、カナダ有数のこの問題の専門家として知られた人物だ。だがこうした大使の発言に、トランプ政権が猛反発したのである。

これはアメリカという世界最強国家と、ファーウェイという世界最強通信システム会社の闘争だった。だが、いくらファーウェイが強大だと言っても、一企業がアメリカ政府と戦って勝てるはずもなかった。2019年1月に北京で会ったある中国の関係者は、こう述べた。

「この問題は、表面上はファーウェイ対アメリカの構図だが、実質上は中国対アメリカの戦いだ。なぜなら5Gというのは、どの国でも国家が主体となって整備していくからだ。

中国国務院（中央政府）の科学技術部、工業情報化部、国家発展改革委員会は共同で、『5G推進小グループ』を設置。中国として、5G関連企業を全面的にバックアップしていく。特にファーウェイには、1月9日に『2018年度国家科学技術進歩賞』を授与し、最優先かつ最大限のバックアップをしていくことを申し合わせた。

5Gの基幹技術を巡る戦いは、企業として見ればファーウェイが世界で最も優勢を保っている。続いてスウェーデンのエリクソン、フィンランドのノキア、わが国のZTE（中興通訊）、韓国のサムスンとなっており、アメリカ企業は『ベスト5』に1社も入っていない。

ましてや、仮に『5G戦争』で中国側の思惑通りに行かなかったとしても、その次の『6G戦争』では、圧倒的に中国が有利な状況だ。つまり、中国が世界の先端技術を制覇するのは時間の問題なのだ」

4月25日、国家発展改革委員会と財政部は、5Gの通信関連企業に対して、3年間の法人税免除、及び4年目25%、5年目50%、6年目75%というビッグな減免税措置を発表した。これによって、ファーウェイの税負担は大いに軽減されることになった。

ファーウェイ「憤怒の会見」

3月に入ってファーウェイも「反撃」に出た。北京の人民大会堂で年に一度の全国人民代表大会（国会）を開催中の3月7日、深圳の本社で「憤怒の会見」を開いたのである。

登壇したのは、郭平輪番会長、宋柳平《そうりゅうへい》上級副社長兼最高法務責任者、ジョン・サフォーク同上級副社長兼グローバル・サイバーセキュリティ及びプライバシー保護責任者、グレン・D・ネイガー・ジョーンズ・デイ法律事務所パートナー兼主任弁護士、楊超斌《ようちょうひん》5Gプロダクトライン・プレジデント、李大豊《りだいほう》監視委員会執行メンバー兼ICTインフラストラクチャ管理委員会室ディレクターの6人である。

中央に立った郭平輪番会長が流暢な英語で、声を荒らげて語った。

「本日ファーウェイは、米テキサス州プレイノにある連邦地域裁判所に、アメリカ政府を相手取って訴訟を起こした。アメリカ国防権限法の889条は、いかなる行政手続きや司法手続きも踏まずに、すべてのアメリカ政府機関に対して、ファーウェイの機器とサービスを購入することを禁止した。さらには、ファーウェイの機器とサービスを購入する企業・組織との契約締結や、これらの企業・組織への資金・融資の提供をも禁止している。

これはアメリカ合衆国憲法の私権剝奪法条項、デュープロセス条項に反する。同時にアメリカ議会が、立法だけでなく法の裁決と施行まで行おうとしている点で、アメリカ合衆国憲法における三権分立の原則にも反している」

ファーウェイは、1月28日にアメリカ政府がファーウェイを起訴したこと自体を、「違憲行為」として訴えたのである。

この日、ファーウェイが公表した資料には、こう記されていた。

〈ファーウェイは、アメリカ国防権限法による制限措置によって、ファーウェイがより先進的な5G技術をアメリカの消費者に提供することを妨げられれば、アメリカにおける5Gの商用利用を遅らせ、結果としてネットワーク性能の進化も立ち遅れると考えている。

業界の予測によると、ファーウェイがアメリカ市場競争に参加することが許されれば、無線インフラの整備コストは15%〜40%削減できる。また北米の通信事業者は、4年間で総額

200億ドルを節約できる〉

つまり、アメリカ自身にとって「ファーウェイ排除」は自殺行為だと説いたのだった。

一方、バンクーバーの自宅で軟禁状態となっていた孟晩舟副会長も3月1日、カナダのブリティッシュ・コロンビア上級裁判所に、カナダ政府と王立カナダ騎馬警察（RCMP）、及びカナダ入国管理局（CBSA）を相手取って、公民権侵害で訴訟を起こした。

この日、カナダ司法省は、孟被告の身柄をアメリカに引き渡すかどうかを判断する審理の開始を許可。これに基づき3月6日、孟副会長はバンクーバーの裁判所に出廷した。その時の様子を『日本経済新聞』（3月7日付電子版）は、こう報じている。

〈孟氏は紫色のパーカーに帽子姿で裁判所に姿をみせた。法廷では同氏の弁護団とカナダ司法当局が引き渡し審理の手続きなどを確認した。開廷時間は17分ほどだった。

孟氏側の弁護人リチャード・ペック氏は、米の引き渡し要求には政治的な動機があり「深刻な懸念を抱いている」と主張した。トランプ米大統領が2018年12月に「(中国との)貿易で過去最大の取引をすることや、安全保障にプラスになるのであれば必ず介入するだろう」と発言したことを根拠に挙げた。警察当局や国境警備当局に対し情報の開示も求めた。

弁護団は2018年12月に空港で孟氏を拘束した際のカナダ当局の対応は適切ではなく、憲法上の権利の重大な侵害にあたるとの見解を示している〉

このように、カナダ政府が孟被告を捕らえ、アメリカが孟被告を起訴し、孟被告がカナダ政府を訴え、ファーウェイがアメリカ政府を訴えるという複雑な構図になった。

その後、5月8日に、孟晩舟副会長はバンクーバーの裁判所に出廷。アメリカに身柄を引き渡すかどうかの審理は、2020年1月20日から始めることになった。孟副会長はバンクーバーにある邦貨4・7億円の自宅から、邦貨13億円の別宅に引っ越すと伝えられた。

孟晩舟事件は、まさにカナダ版「カルロス・ゴーン事件」の様相を呈してきた。

第3章　中国の「5G制覇」に怯えたアメリカ

トランプ政権内二つの対中強硬派

そもそも、なぜアメリカは、これほど執拗にファーウェイを潰そうとするのだろうか。そのことを改めて深く掘り下げてみたい。

トランプ政権が、中国を競争者とみなす方針を初めて国家戦略として打ち出したのは、2017年12月18日だった。この日、68ページに及ぶ『国家安全保障戦略』を発表したのだ。

そこには、「ロシアと中国は、アメリカの覇権を最も脅かす競争者であり、世界の現状に対する修正主義勢力である」と明記されている。中国を意識して、「アメリカは不正や違反行為、経済的侵略を、これ以上看過しない」という文言も入っている。アメリカにとって中国は、「パートナー」ではなく「ライバル」であると規定したのである。

その前月に、トランプ大統領が北京を訪問して、習近平政権から「国賓以上の待遇」を受けていた。習近平主席は故宮を貸し切りにして大宴会を開き、2535億ドル（約27・4兆円）分ものアメリカ製品などを購入するという「ウルトラ・ビッグ・プレゼント」を、トランプ大統領に与えた。3470億ドル（約37・5兆円）の貿易不均衡のうち約4割は、アメリカ企業が中国からアメリカに輸出しているものだったので、残りの6割を一気呵成に「清算」したのだ。

トランプ大統領は、「これはかつてないビッグ・ディールで、習主席とはとてもケミストリーが合う」と述べ、喜色満面で帰国した。それで中国としては、2017年11月の時点で、米中貿易摩擦は終息したと判断したのだった。私は2018年の年初に北京で、経済担当者たちから話を聞いたが、「あれ（トランプ政権との貿易摩擦）はもう済んだことでしょう」と、楽観視していた。

だが、ワシントンの「空気」は異なるものだった。大統領が中国に取り込まれてしまうことに対する懸念が広がり、巻き返しが起こったのだ。

そこでわかってきたのは、トランプ政権内には、中国に対する考え方に二つの派があるということだった。

第一は、貿易不均衡や雇用を是正することに主眼を置く、いわば「通商強硬派」である。トランプ大統領がその代表格で、スティーブン・ムニューシン財務長官やジャレド・クシュナー大統領上級顧問（トランプ大統領の娘婿）らが、このグループに属する。実業界やウォール街出身の幹部たちが多く、中国を主にビジネスの対象として捉えている。

第二のグループは、中国という台頭する社会主義国そのものが許せない「軍事強硬派」、もしくは「理念強硬派」と呼ぶべき幹部たちである。マイク・ペンス副大統領がその代表格で、ジェームズ・マティス国防長官（2019年1月1日に辞任）、マイク・ポンペオCIA長官（現・国務長官）、ボルトン大統領安保担当補佐官、ピーター・ナバロ国家通商会議議長らが、このグループに属する。政権内からは外れたが、いまだに隠然とした影響力を持つスティーブン・バノン元大統領首席戦略官兼上級顧問も含まれる。彼らは、決して口にはしないが、白人でもキリスト教徒でもなく、英語を母国語とするわけでもない東洋の国（中国）に21世紀の覇権を握られてしまうことへの拒否感が強い。

貿易交渉の責任者であるロバート・ライトハイザーUSTR代表は、両派の中間に位置する。両派の支持をまんべんなく得ているので、貿易交渉ではパワフルな存在になっている。「軍事強硬派」は、米中の貿易不均衡よりも、もっと深い次元で中国に対する脅威（敵意と言い換えてもよい）を抱いていた。それは、中国が第19回共産党大会（2017年10月）で「習近平新時代の中国の特色ある社会主義思想に基づいた強国路線」を満場一致で決議して以降、確信に変わっていた。

社会主義国は国家ぐるみで、自国の先端企業に多額の補助金を出すなどして、育成を図っている。中国が2015年5月に発布した『中国製造2025』は、2025年の国家目標を明確に定めていた。これらは、既存のWTO（世界貿易機関）の秩序から完全に逸脱しているというのが、「軍事強硬派」の主張だった。2018年3月に、中国が全国人民代表大会で国家主席の任期を撤廃する憲法改正を行うと、彼らは「習近平は長期独裁政権を目指している」と非難した。

第2次世界大戦後の冷戦、すなわち「アメリカ式資本主義」と「ソ連式社会主義」の角逐は、周知のように20世紀末にソ連が崩壊して、アメリカ側が勝利した。だが21世紀に入ると、今度は「中国式社会主義」が台頭してきた。

ソ連式社会主義のシステムは、社会主義計画経済だったが、中国式社会主義のシステムは、社会主義市場経済である。政治的には旧ソ連式の共産党一党支配を維持するが、経済的にはアメリカ式の市場経済を実践していくという、旧ソ連式とアメリカ式の〝いいとこ取り〟だ。中国ではこれを「習近平新時代の中国の特色ある社会主義」もしくは「中国模式」（チャイニーズ・スタンダード）などと呼んでいる。

この「中国模式」は、もともとは鄧小平が定めたもので、1992年の第14回中国共産党大会で採択され、翌年の憲法改正で「国家は社会主義市場経済を実行する」（第15条）と明記された。それが原動力となって、中国は2001年、16年もの交渉の末にWTO（世界貿易機関）への加盟を勝ち取った。

21世紀に入った当時、中国のGDPはアメリカの8分の1の規模しかなかった。だがその後の台頭は目覚ましく、2010年には日本を追い越して世界第2の経済大国にのし上がった。さらに、2013年に習近平政権が始動すると、ユーラシア大陸全域にまたがる広域経済圏「一帯一路」（シルクロード経済ベルトと21世紀海上シルクロード）を掲げ、官民挙げて海外進出を加速させた。２０１５年末には、日米が約半世紀にわたって主導してきたＡＤＢ（アジア開発銀行）に対抗するかのようにＡＩＩＢ（アジアインフラ投資銀行）を発足させ、金融面でのバックアップ体制を整えた。

こうして「中国模式」は、発展途上国の間にじわじわと浸透していった。中国は各国に、「政治を民主化しなくても、持続的な経済発展は可能」という手本を示したのだ。これは、自国がアメリカ式民主国家に変遷していくことを危惧していた発展途上国の指導者（独裁者も含む）たちには朗報だった。

そして「中国模式」の拡大はすなわち、第2次世界大戦後のアメリカを中心とした国際秩序であるブレトンウッズ体制が後退していくことを意味した。

中国式社会主義とＡＩの親和性

さらに、「軍事強硬派」が強い危機感を抱いたことがあった。それは「中国模式」とＡＩ（人工知能）の親和性が極めて高いことである。

「中国模式」は、国民の政治的自由を抑制し、民主専制という、トップ（習近平総書記）に国民が政治的意思を委託するシステムである。その代わりトップは、「人民の最大利益」のために政治を行う。為政者にとっては、国民による審判（民主選挙）も反対野党による国会論戦も、マスコミによる批判報道もない、極めて効率的なシステムだ。

このような社会では、民主国家に比べると、個人のプライバシーは軽視される。だが一方で、14億国民のビッグデータを吸い上げてフル活用し、ＡＩ大国になることを可能にした。さらに「情報の壁」を国境に築くことで、アメリカの「ＧＡＦＡ」（グーグル、アマゾン、フェイスブック、アップル）に対抗できる「ＢＡＴＨ」（バイドゥ、アリババ、テンセント、ファーウェイ）を育て上げたのだった。

「ＢＡＴＨ」を始めとする中国のＩＴ企業の中核を担っているのは、「海亀派《ハイグイパイ》」と呼ばれる海外への留学組（特にアメリカ留学組）である。

例えばファーウェイの本社がある深圳市では、２０１０年から「孔雀計画《コンチュエジーホア》」と呼ばれる制度を実施している。これは、海外に留学した優秀な中国人の若者をヘッドハンティングするものだ。北京市や上海市とともに「入手困難」と言われる深圳市の戸籍を与え、住居や医療保険なども与え、おまけに80万元（約１３００万円）～１５０万元（約２４００万円）の奨励金を支給する。さらに最高８０００万元（約13億円）もの研究助成金を提供するという特別待遇制度を敷いて、「海亀派」を迎え入れるのだ。２０１８年末に、世界で初めてゲノム（遺伝子情報）を書き換えた赤ちゃんを誕生させて国際的な非難を浴びた賀建奎《がけんけい》南方科技大学准教授も、「孔雀計画」でアメリカから帰国した一人だ。

中国は軍事面でも、ドローン爆撃機、衛星破壊ミサイル、無人潜水艦などのＡＩ兵器、それにサイバー攻撃などの分野で、アメリカに匹敵する実力を身につけてきた。中国の実質的な軍事予算は、いまだアメリカの3分の1程度にすぎないが、こと東アジアに関して言えば、ほぼ同等の実力をつけた。実際、習近平政権は「軍事強国」「軍民融合」を喧伝している。

アメリカの「軍事強硬派」から見れば、こうした21世紀の覇権を目指す中国の「先兵役」と言えるのが、ファーウェイだった。ファーウェイはこれまで、クアルコム、インテル、ブロードコムといったアメリカの巨大ＩＴ企業から、年間１００億ドル規模の部品を調達したり特許料を支払ったりしてきた。これが「５Ｇ時代」を迎えた暁《あかつき》には、ファーウェイは急速に「独り立ち」していき、世界の「５Ｇ覇権」を握られてしまう。「彼らはわが社が５Ｇを主導することは、ナチスドイツが原子爆弾を持つことと同等の恐怖心を抱いた」（任正非ＣＥＯ）。そのため、ファーウェイを叩くならいましかないと考えたのだった。

第1章でも述べたように、４Ｇは２０１０年代の人々の生活を変えたが、５Ｇは２０２０年代の社会そのものを変えることになる。

具体的には、超高速、大容量、多接続、低遅延などである。総務省発行の『平成30年版情報通信白書』によれば、超高速と大容量の例としては、４Ｇでは30分近くかかっていた2時間の映画のダウンロードが、５Ｇではわずか3秒で終わる。しかも、大量のダウンロードが可能になる。

多接続の例としては、自宅の部屋で１００個の端末・センサーが、インターネットに接続できるようになる。これによって電気、テレビ、冷蔵庫、エアコンなど、すべての家電がＡＩアシスタントやスマートフォンによる一つの指令のもとに統合され、本格的な「ＩｏＴ時代」（モノのインターネット時代）が到来するのだ。

また、低遅延の例としては、ロボットなどの精緻な操作をリアルタイムで実現する。これによって、都市部の医師が地方の患者の遠隔手術を行うことも可能になる。

こうした５Ｇによる技術革新は、第４次産業革命の到来を告げるものだ。第1次産業革命は、18世紀後半にイギリスで発明された蒸気機関を軸とし、これが工場や鉄道、船舶などに応用された。第2次産業革命は、19世紀末から20世紀初頭に発明されたエンジンを軸とし、アメリカが牽引役となって、自動車や航空機などに応用された。第3次産業革命は、１９８0年代から普及が始まったパソコンを軸とし、やはりアメリカが主導したインターネットが世界を変えた。

これから始まる第4次産業革命は、ＡＩが主役となって、ＩｏＴ、自動運転車、ＶＲ、Ａ

Rなどに、5Gが応用されていく。

これまで3回の産業革命を主導したのは、イギリスやアメリカなど先進国だった。また通信システムにおいても、1Gから4Gまでを主導したのは、日米欧の先進国である。

ところが、5G及び第4次産業革命において、先進国を抑え込んで、一気呵成に主役の座に就こうとしているのが中国なのである。そして、その中国を牽引しているのがファーウェイである。

しかも、かつてアルフレッド・ノーベル（ノーベル賞の生みの親）が述べたように「すべての新技術は軍事転用される」。蒸気機関は戦艦を生み、エンジンは戦車や戦闘機を生み、インターネットはレーダーやミサイルに応用された。近未来にはAI兵器が世界を制覇していくのは必至である。ここに、アメリカが何としてもファーウェイを排除しようとする真の理由があった。

アメリカで強まる対中警戒感

アメリカ連邦議会でも、共和党、民主党を問わず、中国に対する警戒感が増していた。2017年12月20日、18人の超党派議員が連名で、ファーウェイやZTEがアメリカで事業を展開することへの懸念を示す書簡を、FCC（米連邦通信委員会）に提出した。FCCは、アメリカ国内及び海外のアメリカ軍基地に電波を許認可する機関である。やはり「軍事強硬派」に属するアジト・パイFCC委員長も同意見だった。

年が明けて2018年1月には、アメリカの大手キャリアAT&Tが、ファーウェイのスマートフォンを取り扱わない決定を行った。これによってファーウェイは、アメリカでのスマートフォン販売事業から事実上、撤退せざるを得なくなった。

ファーウェイはアメリカに、最大で18ヵ所の拠点を置き、約1500人のスタッフを抱えていたが、2018年のうちに撤収や大幅縮小を余儀なくされていった。またUCLA、スタンフォード大学、MIT、メリーランド大学など、アメリカの名門大学でファーウェイが行っていた寄付講座も、次々と中止に追い込まれていった。

2018年7月2日には、アメリカ商務省からFCCに、中国通信最大手の中国移動（チャイナモバイル）が申請していたアメリカ国内での移動通信事業の認可を下ろさないよう勧告する書簡が送られた。中国国内で9億人以上の顧客を持つ巨大国有企業の中国移動は2011年、中国企業のアメリカ進出が増加していることを理由に、アメリカ国内での移動通信事業を申請した。だが認可は延々と引き延ばされ、結局2019年5月9日、FCCは正式に申請却下を決定したのだった。ちなみに中国移動は、中国国内でファーウェイの長年にわたる最大のパートナーである。

FCCが懸念したのは、もしも通信機器やネットワークに「バックドア」（裏口）と呼ばれる細工をされた場合、そこからデータを盗まれたり、システムを破壊されたりというリスクが生まれることだった。これに対し、ファーウェイは「過去30年、世界で一度も大きなセキュリティ上の問題を起こしていない」と反論していた。

中国には、2017年6月施行、2018年4月改正の国家情報法が存在した。その第7条では、「いかなる組織及び公民も、法律に基づいて国家の情報工作を支持し、協力し、適合していかねばならない」と定めていた。さらに、すべての企業及び国民が人民解放軍に協力することを義務づける軍民融合促進法の審議も、2017年の年初から始まっていた。

また、アメリカの衛星通信システム「GPS」に対抗して、中国は人民解放軍が深く関わる独自の通信衛星システム「北斗《ベイドウ》」を展開していた。ファーウェイ、シャオミー（小米）、OPPO、vivoなど、中国メーカーのスマートフォンは「北斗」に対応したものであり、このこともFCCの懸念材料だった。2018年12月27日、中国政府が「全世界に向けた北斗のサービスを開始する」を宣言し、2020年の完成を目指している。

さらに、大陸間の情報通信を担う海底ケーブルの分野でも、ファーウェイは巨大な存在だった。子会社のファーウェイ・マリン・ネットワークス（華為海洋網絡）のホームページを見ると、2019年末までに全世界で90項目、延べ5万361キロもの海底ケーブルを敷設すると書いてある。これもアメリカの「軍事強硬派」にとっては、大きな脅威と映った。ファーウェイもそのことは承知していたようで、同年6月3日、中国光ファイバーケーブル大手の江蘇亨通光電が、この会社をファーウェイから買収すると発表した。

アメリカがクアルコムの買収を阻止

２０１７年11月、シンガポールに本社を置く大手半導体メーカーのブロードコムが、アメリカ最大の半導体設計メーカー、クアルコムの買収に名乗りを上げた。１０３０億ドル（約11・1兆円）という世界の企業買収史上、最高額で、クアルコム株の70％を取得することを提案したのだ。これにクアルコムが難色を示すと、買収額は１１７０億ドル（12・7兆円）まで引き上げられた。

この買収案件は、直ちにアメリカ政府のＣＦＩＵＳ（対米外国投資委員会）の調査対象となった。アメリカ側が懸念したのは、ブロードコムの背後にファーウェイが潜んでいて、この買収によって、ファーウェイが一気呵成にアメリカの通信産業を乗っ取ってしまうことだった。もしくは、ブロードコムからファーウェイに、クアルコムが持つ最新技術の情報が流出するだけで、アメリカのハイテク覇権は揺らいでしまう。

こうした「ファーウェイ・リスク」を懸念する最終的な調査結果は、「買収中止勧告」として、2018年3月にホワイトハウスに報告された。この頃には、「ファーウェイ・リスク」という言葉が、ワシントンで頻繁に俎上に上り始めていた。

同年3月12日、トランプ大統領は、クアルコムの買収計画を禁止する大統領令に署名した。それによって翌々日、ブロードコムは「クアルコムの買収提案を撤回する」と白旗を揚げたのだった。ちなみに、3月11日には北京で開催中の全国人民代表大会で、「習近平思想」を明記し、国家主席の任期を撤廃する憲法改正案が可決成立していた。

貿易戦争を加速させる「軍事強硬派」

2018年3月22日から23日にかけて、トランプ大統領が対中貿易戦争を「宣戦布告」した。今後年間600億ドル（約6・5兆円）分もの中国製品に、追加関税をかけると発表。合わせて中国産の鉄鋼に25％、アルミニウムに10％の追加関税を発動したのだった。

ここで、ファーウェイ問題と対をなしている米中貿易戦争についても、言及しておきたい。

米中貿易戦争は、2017年1月に就任したトランプ大統領が、中国への巨額の貿易赤字に激怒したことから始まった。2016年のアメリカの対中貿易赤字は3470億ドルに上り、貿易赤字全体の約47％を占めていたのだ。当時はまだ「貿易戦争」ではなく、「貿易摩擦」と呼ばれていた。

習近平政権としては、トランプ新政権と友好な関係を築きたかった。２０１７年10月に第19回中国共産党大会を、２０１８年3月に全国人民代表大会を開いて、習近平体制を盤石なものとしたい。そのため、アメリカの新政権と波風を立てたくなかったのだ。

こうした思惑から、習近平主席は前述のように２０１７年11月、トランプ大統領を「国賓以上の待遇」で北京に招待。２５３５億ドル分ものアメリカ製品などを購入するという「ウルトラ・ビッグ・プレゼント」を、トランプ大統領に与えた。

ところが「通商強硬派」のトランプ大統領は、周囲の「軍事強硬派」から突き上げを喰らい、中国との貿易戦争を「宣戦布告」せざるを得なくなった。そして実際、２０１８年７月６日に「開戦」した。

アメリカは同日、第1弾として３４０億ドル分、８月23日に第2弾で１６０億ドル分の中国製品に、それぞれ25％の追加関税をかけた。そして同年9月24日に、第3弾として２０００億ドル分の中国製品に10％の追加関税をかけ、２０１９年5月10日に25％に引き上げた。

これに対し中国は、第1弾の報復措置として同じく３４０億ドル分、第2弾の報復措置も同じく１６０億ドル分に、25％を上乗せした。ところが第3弾では６００億ドルにとどめ、しかも10％（３５７1品目）と5％（１６３６品目）と低率にした。

中国が「減速」した理由は、第一に貿易不均衡のせいだった。2017年の米中の貿易額は、中国からアメリカへは5050億ドル、アメリカから中国へは1539億ドルだったため、中国はそもそも2000億ドル分に追加関税をかけようがなかった。

第二に、「返り血」を浴びるのが恐かったからである。2018年夏以降の、米中貿易戦争による中国経済の落ち込みは、中国政府が当初、予測していたよりも激しかった。

こうした事態を打開するため、米中閣僚級貿易協議が開かれた。2018年5月3日、4日の北京会合に始まり、2019年5月9日、10日のワシントン会合が11回目となった。アメリカ側は、ライトハイザーUSTR（米通商代表部）代表、ムニューシン財務長官、ロス商務長官の「3人組」が共同代表である。だが実質的な中心人物は、ライトハイザーUSTR代表になりつつある。一方の中国側は、習近平主席の中学時代の同級生で経済学者の劉鶴《りゅうかく》副首相が代表を務めている。

この米中閣僚級貿易協議の分岐点となったのは、2018年5月19日に発表された共同声明を巡る双方の諍《いさか》いだった。

5月17日と18日、劉鶴副首相らが訪米して、第2回米中閣僚級貿易協議が行われた。この時、中国側は、トランプ政権の中で最も中国に理解を示す「通商強硬派」のムニューシン財務長官を味方につけ、なんとか共同声明の発表にこぎつけた。中国側が、貿易不均衡の削減とアメリカ産農産品、エネルギー輸入の拡大などに合意した内容だった。

中国側はアメリカとの貿易協議を、二つに分けて考えていた。一つは、単純な米中間の貿易不均衡問題である。トランプ政権内の「通商強硬派」が問題視している部分で、中国側は一定程度、アメリカ側に譲歩しても構わないという態度で臨んでいた。

もう一つは、中国政府がハイテク産業に巨額の補助金を出すなどして、国家ぐるみでハイテク産業を保護している、もしくは指示、監視するなどしてハイテク産業を牛耳っているという「軍事強硬派」の主張だった。これは中国からすれば、「中国模式」の根幹に関わる部分であり、もしもアメリカの意向に完全に従うなら、国有企業をすべて民営化し、共産党の一党支配体制も放棄せねばならなかった。つまり、習近平政権を崩壊させよと言っているようなもので、決して呑める話ではなかった。そこで２０１９年3月に全国人民代表大会で、外国企業や外国投資者の知的財産権の保護を保障した外商投資法を、２０２０年1月から施行することを決めたが、これが妥協できるギリギリの線だった。

そのため二つの問題を切り離し、前者でアメリカ側に大幅に譲歩することで、後者の問題は「継続協議」にして、玉虫色の決着を図ろうとした。トランプ大統領も、２０１８年5月当時は、翌月12日に金正恩委員長との「世紀の米朝会談」を控えており、中国との幕引きは望むところだった。それでムニューシン財務長官の進言に従い共同声明発表となったのだ。

だがこれに、政権内の「軍事強硬派」、及び超党派の連邦議会強硬派から、猛反発が起こった。驚いたトランプ大統領は態度を一変させ、5月29日に「共同声明を拒否する」と発表したのである。

中国側からすれば、今度こそ解決したと思っていた貿易摩擦が再び火を噴いたわけで、まさに寝耳に水だった。6月3日に北京で行われた第3回米中閣僚級貿易協議で、中国は一転して強気の姿勢に転じた。この協議に合わせて、「市場での不当な価格吊り上げを行っている疑いがある」として、アメリカのDRAM《ディーラム》（記憶装置）最大手、マイクロン・テクノロジーの中国事務所を強制捜査した。完全な「見せしめ行為」だった。

以後、トランプ政権内で「軍事強硬派」の勢いが増し、米中閣僚級貿易協議の議題は、当初の貿易不均衡問題から、8つにも膨れ上がってしまった。具体的には以下の通りだ。

①米中貿易の不均衡
②中国におけるアメリカ企業の強制的技術移転
③中国における知的財産権の強力な保護と執行
④中国におけるアメリカ企業への関税・非関税障壁
⑤中国によるアメリカ商用資産へのサイバー攻撃

⑥中国政府の補助金と国有企業を含む市場を歪める強制力
⑦中国向けアメリカ製品・サービス・農産物への障壁・関税
⑧米中貿易における通貨の役割

こうなってくると、問題は大変複雑で、一朝一夕に解決できるものではない。例えば、⑥の国有企業の問題は、習近平主席は国有企業こそ中国共産党支配の源泉と思っているので、民営化することなど、ハナから考えていなかった。

そして、この貿易戦争の拡大と長期化が、ファーウェイを巡るハイテク覇権戦争に拍車をかけていくのである。

ZTE叩き早期決着の真相

2018年4月16日、アメリカ商務省は、ファーウェイに次ぐ中国第2位（世界4位）の通信機器メーカー、ZTE（中興通訊）を血祭りに上げた。ZTEがアメリカの法律に反して、イランや北朝鮮に製品を違法に輸出していたとして、すべてのアメリカ企業に対して、ZTEと取引することを7年間、禁じたのである。

この措置によって、部品の3割近くをアメリカ企業に頼っていたZTEは、ノックアウトのパンチを浴びたようになった。ZTEは、深圳市政府が経営する国有企業であり、2017年の売上高1088億元（約1・7兆円）、従業員数約9万1000人に上る。そのような巨大国有企業が倒産すれば、中国の損失は計り知れなかった。

翌17日には早くも、香港と深圳の証券取引所で、ZTE株の売買が停止された。全米で4位につけていたZTEのスマートフォンは、アメリカ製の部品調達が困難になったため、全世界で販売停止に追い込まれた。市場では早くも「ZTE倒産説」まで囁《ささや》かれ始めた。

だがZTE問題は、意外に早く解決した。ロス商務長官は6月7日、「ZTEに過去最高額の罰金を科して、制裁を解除する」と発表。13日には正式に制裁を解除した。解除の条件は罰金10億ドルに加えて、預託金4億ドル、経営陣の刷新、10年間の監視対象などだった。

中国政府は、この時を待ち受けていたかのように、すぐさまZTEに救いの手を差し伸べた。6月13日、ZTEは再建計画を発表したが、その核心部分は国家開発銀行と中国銀行から、邦貨にして1兆2000億円近い緊急融資を仰ぐというものだった。これによって、60日以内に支払うべき罰金10億ドルを支払った。国有銀行が国有企業を助けるという構造は、何も変わっていなかったのである。

また、30日以内に行われることになっていた14人の経営陣交代は、6月29日の臨時株主総会で決まったが、やはり儀礼的なものだった。新たにトップに就いた李自学会長は、ZTE

の大手取引先である西安微電子技術研究所（国有企業）の共産党委員会書記兼副所長だった。ナンバー2の徐子陽総裁は、ZTEに入社したプロパーで、「重役一歩手前」の総裁助理だ。

こうしたことは、アメリカ側も重々承知のはずである。それなのに、中国との5G覇権戦争に乗り出したトランプ政権が、あっさりとZTEを許してしまったのはなぜなのか？

私はこのことが疑問でならなかった。だがいまにして思えば、3つの理由が考えられる。

第一に、「通商強硬派」のトランプ大統領の関心が薄かったことだ。2018年6月初め、習近平主席がトランプ大統領に電話をかけた。表向きは、同月12日にシンガポールで行われる金正恩委員長との「世紀の米朝会談」を、中国としてもバックアップすると表明するためだった。

だが実際の目的は、アメリカ側の条件に従うからZTE問題を早く解決してほしいと懇願することだった。これに対して、「世紀の米朝会談」のことで頭が一杯だったトランプ大統領は、二つ返事で承諾したのだ。

第二の理由は、そもそも「ZTE叩き」は、ZTEの約7倍もの規模を誇る「本命」ファーウェイを叩くための「予行演習」だったのではないかということだ。特にZTEを倒産させた場合、アメリカの企業や市場がどの程度、返り血を浴びるのかを確認しておきたかった。

ZTEの財務諸表を読み込んでみてわかったが、アメリカとの取引（部品購入など）が、中国と並んで大きい。インテル、クアルコム、マイクロン……と、トランプ大統領が最も敏感なアメリカ企業の雇用に大きな影響を与えているのだ。ZTEは2017年、アメリカ国内のスマートフォン販売でも4位につけていた。

そして第三の理由が、ZTEとアメリカ商務省との「司法取引」の疑いである。ある関係者は、私にこう証言した。

「ZTEが許されたのは、密かにアメリカ商務省との司法取引に応じたからだった。アメリカ側が本当に欲しかったのは、イランとの不正取引などに関するファーウェイの内部情報だった。ZTEは、アメリカ側が有用と思えるファーウェイ情報を提供したため、短期間で許されたのだ」

この証言は、「ファーウェイvs.ZTE」の「30年戦争」を振り返れば、さもありなんと思えてくる。両社は創業時期も同じ1980年代半ばで、本社も同じ広東省深圳市にある最大のライバル企業だった。

ファーウェイは前述のように、1987年に人民解放軍の技師出身の任正非が設立した民営企業である。任正非CEOの強烈な個性に率いられて、「軍隊式経営」と「狼性文化」によって発展していった。いわば現代中国が生んだ「野武士集団」だ。

これに対してZTEは、1985年に深圳市政府が設立した国有企業である。香港市場と深圳市場に上場しており、言ってみれば「お公家集団」だ。

両社は、技術の取り合い、技術者の引き抜き合戦や仕入先・顧客の奪い合いなど、「30年戦争」を繰り広げてきた。1998年には両社を挙げての訴訟合戦も起こしている。そのため「ファーウェイ潰し」を目論むトランプ政権が、ファーウェイをライバル視するZTEを利用したという構図が描けるのである。

戦後秩序への挑戦者

第2次世界大戦後の世界秩序を形作ったのは、表向きはブレトンウッズ体制である。第2次世界大戦末期の1944年7月、アメリカのニューハンプシャー州ブレトンウッズに45ヵ国代表が集まり、戦後の国際秩序について定めた。アメリカドルを基軸とした固定為替相場制、国際通貨基金（IMF）や世界銀行（IBRD）の設立などである。

だがもう一つ、決して公表されてはいないが、戦後の情報通信システムを支配する秩序も、アメリカが中心になって定めた。それが「U《ウ》K《ク》US《サ》A協定」である。UK（イギリス）とUSA（アメリカ）の協定という意味だ。俗称は「ファイブ・アイズ」（5つの目）。

第2次世界大戦中、ナチスドイツの暗号システム「エニグマ」を、イギリスが解読するにあたって、アメリカの協力を仰いで成功した。これが契機となって、両国は戦後の1946

年に、両国以外の世界全体の通信を監視する壮大な計画を立ち上げたのだ。1948年にカナダが、1956年にオーストラリアとニュージーランドが加わり、「ファイブ・アイズ」となった。いずれも英語を公用語とする国々だ。

21世紀に入ると、インターネットが発達したことで、監視システムもさらに大規模になっていった。アメリカが「司令塔」となって、「ファイブ・アイズ」で世界中の通信情報を傍受するシステムを作り上げたのである。それについては、2013年8月にロシアに亡命した元CIA（米中央情報局）およびNSA（米国家安全保障局）職員のエドワード・スノーデン氏の手記やインタビューに詳しい。

「ファイブ・アイズ」にとって、20世紀後半の冷戦中の主敵はソ連だった。それが冷戦崩壊後は、アルカイダなどのテロリスト集団に代わった。

だが21世紀に入ると、にわかに新たな強敵が現れた。社会主義市場経済を掲げて台頭する中国である。5G時代を迎えて、中国はファーウェイを前面に押し立てて、一気にアメリカの通信システム覇権を崩しに来たと捉えたのである。

オーストラリアの有力紙『シドニー・モーニング・ヘラルド』（2018年12月13日付）は、「『ファイブ・アイズ』は、どうやってファーウェイを抹殺するレシピを作ったのか」と題する興味深い記事を掲載した。オーストラリアも「ファイブ・アイズ」の加盟国であり、その長文記事の要旨は、以下の通りだ。

・２０１８年7月17日、カナダのトルドー首相が、「ファイブ・アイズ」の諜報機関トップ５人を、(カナダ東部) ノバスコシア州のリゾート地に、密かに招待した。

・そこで彼らは、トルドー首相も含めて、当面の地政学的脅威について協議した (議長役はカナダのアレックス・ヤンガー秘密情報長官)。

・「ファイブ・アイズ」は、「ソールズベリー事件」(２０１８年3月4日にイギリスのソールズベリーで、元ロシア人スパイ父娘に神経剤が使われ、イギリス政府がプーチン政権による犯行と断定した事件) への対処を巡って成果を上げており、結束を強めていた。

・この会議を経て、「ファイブ・アイズ」による前例のない「ファーウェイ排除キャンペーン」が展開され始めた。

・その活動には、日本やドイツなどアメリカの同盟国に参加を要請することも決めた。

その後の「ファイブ・アイズ」のファーウェイを巡る主な決定や発表は、次ページの表の通りだ。

「ファイブ・アイズ」は、まさに第2次世界大戦後の秩序維持に必死になっていることがわ

2018年	
8月13日	トランプ大統領が国防権限法に署名
8月23日	オーストラリア政府がファーウェイとZTEとの取引を禁止
8月28日、29日	オーストラリアのゴールドコーストで、「ファイブ・アイズ」の安全保障担当閣僚会議開催
11月27日	ニュージーランド政府がファーウェイとの取引を禁止
12月1日	カナダ当局がファーウェイの孟晩舟副会長を逮捕
12月5日〜7日	アメリカ国務省、商務省幹部が香港入りしてファーウェイの取引を調査
2019年	
1月28日	アメリカ司法省が孟副会長とファーウェイを起訴
5月16日	アメリカ商務省がファーウェイを「エンティティ・リスト」に追加

かる。

こうした動きに呼応して、トランプ政権の「軍事強硬派」筆頭のペンス副大統領は２０１８年10月４日、ワシントンのハドソン研究所で、「米中新冷戦」ののろしを上げる演説を行った。

「中国共産党は関税、輸入割り当て、為替操作、強制的な技術移転、知的財産の窃盗などを行ってきた。中国の安全保障機関も、アメリカの最先端技術の窃盗の黒幕となり、大規模な軍事転用を図ってきた。中国の知的財産の窃盗行為が終わる日まで、アメリカは行動を取り続けていく」

ペンス副大統領は41分にわたり、中国を非難し続けた。１９７９年の米中国交正常化以降、これほど強烈なアメリカ政権幹部による中国批判は前代未聞だった。

この頃には中国でも、トランプ政権の中国批判は、たんに11月に控えた中間選挙向きのパフォーマンスではなく、今後長期にわたるということを覚悟し始めていた。先述のように、「罪を着せたいのだったら、どんな口実だってためらわない」という春秋戦国時代の成語が流行語になった。「アメリカは、中国（ファーウェイ）が何か実際に悪事を働いたから責めているのではなくて、罪を着せること自体が目的なのだから、どんな手段でも使ってくる」ということだ。

中国も、こうしたアメリカの「ファーウェイ包囲網」に手をこまねいていたわけではない。例えば、アメリカ最大の半導体設計メーカーのクアルコムは2016年10月、オランダ最大の車載半導体メーカーのNXPセミコンダクターズを、440億ドル（約4・8兆円）で買収することで基本合意した。クアルコムは、それまでスマートフォンに偏っていた半導体を、5G時代の自動運転車の発展が見込める自動車業界にも広げようとしたのだ。

ところがこの買収に、中国だけが難色を示した。2018年4月19日、クアルコムは、「中国の市場監督管理総局の要請を受けて、買収を3ヵ月先延ばしにする」と発表した。独占禁止法を盾にして中国がZTE問題の報復措置を発動したものと思われた。結局3ヵ月を経ても、中国市場監督管理総局は首を縦に振らず、同年7月26日にクアルコムは「買収断念」を発表したのだった。

クアルコムは2015年2月にも、中国国内で独占禁止法違反を咎《とが》められ、60億8800

万元（約1050億円）もの罰金を支払わされている。逆に言えば、中国はこの頃から「クアルコム潰し」に走っていたとも捉えられる。

前述のように、2018年12月1日、ブエノスアイレスG20の終了後に、トランプ大統領と習近平主席の米中首脳会談が行われた。会談後にホワイトハウスが発表した会談内容のブリーフィングの末尾には、さりげなくこんな一文が入っていた。

〈習主席はまた、以前に承認されなかったクアルコムによるNXPセミコンダクターズ買収の計画を、再度承認することは可能だと述べた〉

すなわちアメリカは、貿易戦争だけでなく、ハイテク覇権戦争でも、中国側に「通牒」を突きつけていたのである。そして本気度を示すため、米中首脳会談の直後に、孟晩舟副会長の逮捕劇を演出したとも言えるのだ。

同年12月13日、盧沙野《ろさの》駐カナダ中国大使が、カナダの有力紙『グローバル・ポスト』に、「われわれはカナダが公平正義の道から外れることを望まない」と題する文章を寄稿した。そこに中国の「言い分」が凝縮されているので、抜粋を紹介したい。

〈「ファイブ・アイズ連盟」は、「ファーウェイは国家の安全を脅かす」と嚙みついているが、ただの一つたりとも、その根拠を示していない。ただ社会に恐怖感を散布し、国民を誤った方向に導こうとしているのだ。

もしもファーウェイの電信設備に安全上のリスクが存在するなら、西側国家の電信設備にも、同様の安全上のリスクが存在することになる。使用している科学技術は、まったく同様のものだからだ。それは、プリズム事件（スノーデン氏やウィキリークスが暴露した、アメリカ政府による全世界の違法情報収集活動）を見れば明らかだ。

彼らはいまだに陳腐な冷戦思考の中で中国を捉え、中国共産党が指導する社会主義の中国は終始、「異質」だと見ているのだ。彼らの懸念は、中国の発展があまりに早く、しかもそれは経済分野にとどまらず科学技術分野でも西側国家を超えつつあるため、「国家の安全」のレッテルを被せて中国企業を叩き、中国の発展を妨げようとしているのだ〉

スノーデン氏が暴露した、アメリカによる全世界への違法盗聴行為については、『産経ニュース』（2013年10月28日付）が次のように報じている。

〈米情報機関がドイツのアンゲラ・メルケル首相の携帯電話を盗聴していた疑惑をめぐり、27日発売のドイツ週刊誌シュピーゲルは、メルケル氏の首相就任前から10年以上にわたって盗聴が行われていた可能性があると報じた。米中央情報局（CIA）の元職員、エドワード・スノーデン容疑者から入手した米国家安全保障局（NSA）の機密文書とみられる書類の抜粋を入手し、判明したとしている。携帯電話の盗聴疑惑では、米国のバラク・オバマ大統領が電話会談でメルケル首相に直接謝罪したばかり。長期間にわたる電話盗聴の発覚で、

欧州など米国の同盟国に対米不信感が一段と広がりそうだ。（中略）

盗聴はベルリン中心部にある米国大使館で、NSAや米中央情報局（CIA）の職員が担っていた。同じような通信の傍受は10年時点でパリやローマなど欧州の19ヵ所を含む世界約80ヵ所で行われていたという。日本が含まれているかどうかは不明だ。（中略）諜報の世界に携わる関係者の間には「同盟・友好国は常に友だとは限らず、互いに諜報活動をし合っている。目新しいことではない」との冷めた声がある〉

この「メルケル首相盗聴事件」が盛り上がった頃、私はある日本政府高官に「安倍首相や日本政府高官の電話は、盗聴の心配はないのか？」と聞いてみたことがある。すると政府高官は、次のように答えた。

「重要なことは、盗聴されているかいないかではなくて、日本がアメリカから実際に、国益を侵害されているかいないかだ。現時点において何も侵害されていないのだから、安倍政権としては、メルケル政権のように騒ぎ立てることはない」

日本が置かれた「立場」を表した、何とも微妙な言い回しである。

第４章　ＥＵを巡る米中の攻防

自信満々の5Gスマホ発表

「皆さん、ご覧ください。これが世界を変えるスマートフォンです！」

壇上の余承東《よしょうとう》（リチャード・ユー）ファーウェイ消費者向け端末部門CEOが、新製品の5Gスマートフォン「Ｍａｔｅ Ｘ」を高らかに翳《かざ》すと、会場は大きな歓声に包まれた。

２０１９年2月25日から2月28日まで、スペインのバルセロナで、ＧＳＭＡが主催する世界最大のモバイル見本市「ＭＷＣ２０１９（モバイル・ワールド・コングレス）」が開かれた。

ＧＳＭＡは、世界７５０社以上の携帯電話会社が加盟する団体で、１９９５年にロンドンに設立された。ＧＳＭＡは毎年2月にバルセロナで、6月に中国の上海で、各社の携帯電話の新製品などを展示するＭＷＣを開いており、年々その規模は拡大している。

バルセロナで開かれた２０１９年のＭＷＣには、世界１９８ヵ国・地域から７９００人の関連会社のＣＥＯ、10万９０００人の訪問者、３６４０人のジャーナリストが訪れた。日本の三大キャリア、ＮＴＴドコモ、ＫＤＤＩ、ソフトバンク関係者も大挙して参加した。

この大会で、世界中のモバイル関係者たちが最も注視したのが、ファーウェイとトランプ政権のバトルの行方だった。そこでファーウェイは機先を制すため、ＭＷＣ開幕の前日、2月24日午後2時に、バルセロナの高級ホテルで、折りたたみ式5Gスマートフォン「Ｍａｔ e X」を発表したのだった。余承東CEOが続けた。

「当社が初めて発売する5Gスマートフォン『ファーウェイ Mate X』は、画面の部分が折れ曲がる仕組みで、折り畳むと、前面が6・6型（1148×2480ピクセル）、背面が6・38型（892×2480ピクセル）です。画面を開くと8型、解像度は2200×2480ピクセルとなります……」

プレゼンテーションの途中で、その3日前にサムスンがサンフランシスコで先行して発表した5Gスマートフォン「Galaxy Fold」を引き合いに出した。カメラが高性能のトリプル機能であることや、サイズが6ミリ薄いことなど、ファーウェイの5Gスマートフォンのほうが優れていることを強調したのだった。

「試しに、この会場を撮ってみましょう」

余CEOはそう言って、手に持った「Mate X」で会場内を撮影すると、背後のスクリーンに撮ったばかりの鮮明な画像が写し出された。余CEOが、画面を二分割するなど、いくつかの機能を示すたびに、会場からため息が漏れる。

「クアルコム仕様の他社（サムスン）製品の2倍、4・6Gbpsで通信でき、1GBの動画ファイルなら、わずか3秒でダウンロードできます。販売価格は2299ユーロ（約28・2万円）を予定しています」

会場が再びどよめいた。その3日前にサムスンが、1台1980ドル（約21・4万円）と発表した「Galaxy Fold」に比べて、25％も割高だったからだ。

後にファーウェイ関係者は、私に次のように述べた。

「もう中国製品の『安かろう、悪かろう』とは縁を切ろうと決めました。今後はファーウェイが『世界最高レベルの製品』を世に出していく。『Mate X』はその決意の表れです。そのため、われわれは正直言って、割安なサムスン製品をライバル視していません。ライバルはあくまでも、アップルのiPhoneです。1年後に出てくるであろう5G仕様のiPhoneよりも優れた製品を作ることを目標にしてきたのです」

この日の発表は、世界のスマートフォンが、いよいよ「5G時代」に突入したことを告げるものだった。そしてファーウェイは、トランプ政権による「包囲網」を、世界最強の5Gスマートフォンを世に問うことによって、中央突破しようとしていた。

「王者アップル」は過去10年余り、中国語で言うところの「後発制人《ホウホアジーレン》」（後発にして人を制す）の戦略を取ってきた。ライバル各社が先に新製品を発売する。するとアップルは、それらを見定めた上で、欠点を見事にカバーし、他社の一段上を行く美しい新製品を発売する。いわば「後出しじゃんけん」によって、世界の市場を掌握していったのだった。

ところが、ファーウェイは今回、こうした「アップル商法」は成り立たないと判断し、とにかくアップルよりも先に5Gスマホを発売することにこだわった。それは、「4G↓5G」という技術のギャップがあまりに大きいためだった。前述のようにファーウェイ社内では、「4Gは生活を変えたが、5Gは社会を変える」が合い言葉になっていた。

ファーウェイにとって幸いだったのは、アップルがクアルコムの特許技術に依存しており、両社が特許料を巡って訴訟合戦を繰り広げていることだった。そのため、アップルは5Gスマートフォンの発売で、ファーウェイに1年も水を開けられてしまった。その後、3月14日から上海で行われた中国家電見本市AWEで、余承東CEOは、「2019年の携帯電話出荷台数は、2億5000万台から2億6000万台に達して、世界一の座を獲得する」と宣言した。だがその後、アメリカの制裁によって大きく後退していくことになる。

MWCの会場では、「5Gスマートフォン」を発表した2日後の2月26日、ファーウェイの郭平副会長兼輪番会長が、「5Gをより安全に、より早く、よりスマートにもたらす」と題した基調講演を行った。郭副会長は自信に満ちた流暢な英語で、時にブラック・ジョークも交えながら、次のように述べた。

「最近、ファーウェイに、かつてないほどの関心が集まっていますね。それは多分、われわれが正しいことをやっているからでしょう（笑）。

ファーウェイは、5Gネットワークを大規模に展開していく世界で最初の企業です。さらに重要なことは、より優れた性能を、可能な限り最もシンプルに実現できるということです。すでに通信事業者に対して、5Gの大規模展開への支援を始めています。

ファーウェイの5Gは、『アメリカが5Gと呼んでいるシステム』よりも20倍速い。そのため、先週トランプ大統領が言ったことは、十分理解できます。すなわち、『アメリカは強力で高速かつスマートな5Gを必要としている』（笑）。

ファーウェイは5Gアンテナに、新しい素材を使用しています。コンポーネント数を99％も削減し、カバーも軽量化することによって、重量を40％軽くしました。そうしてリュックサック程度のサイズにしたにもかかわらず、非常に強力で、レベル15の台風が来ても飛ばされることはありません。実際に昨年、深圳を襲った台風でそのことが証明されました。

ファーウェイはまた、昨年10月に、世界で最も強力な自主開発のＩＣ（集積回路）チップ『Ascend 910』と『Ascend 310』を発表しました。これによって通信事業者は、ネットワークのコンピューティング費用を削減できます。

このように、ファーウェイは5Gのリーディング・カンパニーですが、安全性が確保されていないと意味がないこともわかっています。

プリズムよ、プリズム。この世で一番信頼できる国はどこ？　この質問の意味がわからない方は、エドワード・スノーデン氏にお尋ねください（笑）。

私が約束できるのは、ファーウェイは悪事を働かないということです。ここで明確にしておきますが、ファーウェイはこれまでも、そしてこれからも、バックドアを埋め込むことはありません。何者かがファーウェイの機器でそのような行為を行うことも容認しません。ファーウェイは過去30年間、安全性において確固たる実績があり、世界の30億人にサービスを提供してきました。ファーウェイの５Ｇの安全性に対するアメリカの疑念には、まったく根拠がないのです。そして皮肉なことに、アメリカのクラウド法は、アメリカの政府機関が国境を越えてデータにアクセスすることは許可しています（笑）。

結論は、最高の技術と安全性を望むなら、ファーウェイを選ぶべきだということです」

プリズムというのは、第３章で述べたように、ＮＳＡ（米国家安全保障局）が２００７年から極秘で運用している監視システムで、マイクロソフト、グーグル、ヤフー、フェイスブック、アップル、ＡＯＬ、スカイプ、ユーチューブ、パルトークの９社の世界中の通信情報をキャッチしてきた。２０１３年にＮＳＡ職員だったスノーデン氏（現在はロシアに亡命中）によって、その違法行為が暴露された。ファーウェイの郭副会長は、「アメリカこそが、世界中の通信を違法に盗聴している張本人だ」と言いたかったのだ。

これに対してアメリカも、ＭＷＣで反撃に出た。「反ファーウェイ要員」として、関係官庁の高官たちを送り込んだのだった。ロバート・ストレイヤー国務省次官補代理（サイバー・

国際通信情報政策担当)、アジト・パイFCC委員長、リサ・ポーター国防次官らである。米紙『ウォール・ストリート・ジャーナル』(2月27日付)が、バルセロナ発でレポートしている。

〈アメリカの当局者たちが、ファーウェイ包囲網を敷くため、MWCに乗り込んで来た。ファーウェイを「二枚舌の詐欺師」と非難し、ファーウェイの機器を購入したらアメリカの資金援助は得られなくなると、各国に釘を刺すためだ。

だがこの対決を見ると、ここでホームグラウンドの便宜を受けているのはファーウェイのほうだ。ファーウェイはMWCの主要スポンサーを長年務めてきており、展示会場の広大なフロアに多くのブースを構えている。そこには多くの人々が詰めかけ、中国の麵料理が振舞われたりしていた。2600ドルの折りたたみ式新スマートフォンも発表した。一方のアメリカ政府代表団は26日、イベント主催者から借り受けたブースで、記者会見を開いた。演台もマイクもなく、当局者の声は時折、会場のざわめきにかき消されていた。アメリカ政府代表団が首にかけたヒモは、ファーウェイのライバルであるスウェーデンのエリクソンと米IBMのものだった……〉

MWCでは、マレーシアやモナコ、それにアメリカの同盟国である韓国やUAEの通信メーカー各社が、5Gのシステムやサービスに関して、ファーウェイと契約を交わしたというニュースが飛び込んで来た。ある業界関係者はテレビのマイクを向けられてこう語った。

「仮にアメリカがファーウェイを排除したとしても、５Ｇの標準規格の特許で、中国企業はアメリカ企業の２倍以上を保有しており、ファーウェイに特許料を支払うことになるだけだ」

ＭＷＣでの勝負は、完全にファーウェイ側に軍配が上がった。胡厚崑輪番会長は２月26日、ＭＷＣの会場で順調ぶりをアピールした。

「現在までにすでに30件の５Ｇ関連の契約を交わしている。その内訳はヨーロッパ18件、中東９件、アジア太平洋３件だ」

また、ファーウェイの周躍峰《しゅうやくほう》ワイヤレス・ソリューション部門ＣＭＯも同じ会場で、新華社通信のインタビューに答えて、ファーウェイが５Ｇネットワーク（基地局）と端末（スマートフォン）の両方の分野で、世界制覇していく決意を示した。

「これまでは端末がネットワークに遅れがちだったが、５Ｇでは世界の通信史上初めて、双方の発展が同時に成熟している。世界で３Ｇ人口が５億人になるのに約10年、４Ｇ人口が５億人になるのに約５年かかったが、５Ｇは３年しかかからない。そして、世界最速で５Ｇを展開する市場の一つが中国であり、推進役を担っているのがファーウェイだ」

ファーウェイはダメ押しで２月28日、アメリカの主要紙『ワシントン・ポスト』『ニューヨーク・タイムズ』『ウォール・ストリート・ジャーナル』『ポリティコ』『ＵＳＡトゥデー』『ロサンゼルス・タイムズ』の６紙に全面広告を打った。そこにはこう書かれていた。

〈あなたが聞いたことすべてを信じないで。われわれのドアは常にオープン。アメリカ市民にもっとよくわれわれのことを知ってもらいたい〉

世界初の５Ｇ基地局向けコアチップ

ファーウェイは5Gスマートフォン「Ｍａｔｅ　Ｘ」の発表に先立つこと1ヵ月、1月24日に北京で、もう一つの重要な新製品の発表を行っていた。それは、５Ｇの基地局向けに設計した世界初のコアチップ「天罡《ティエンガン》」(Tiangang)である。「天罡」とは、古代中国で天空を支配すると信じられていた北斗七星の柄のことだ。

この日、「天罡」の商品説明を行ったファーウェイの丁耘《ていこう》(ライアン・ディン)専務取締役兼通信事業者向けネットワーク事業グループＣＥＯは、こう述べた。

「天罡は、統合性、コンピューティング性能、周波数帯域で抜きん出た業界初の５Ｇコアチップであり、業界で最も多い64チャンネルの周波数帯域に対応します。また、将来の５Ｇネットワーク展開を視野に入れ、２００ＭＨｚという広帯域にも対応します。

天罡は、５Ｇ基地局の小型化(従来品に比べて50%)、軽量化(同23%)、低消費電力化(同21%)に貢献します。さらに基地局設置に必要な時間も４Ｇ基地局に比べて約半分になるため、通信事業者による基地局サイトの獲得や設置コストの課題の解決にもつながるのです」

丁CEOは、5G基地局に関して、ファーウェイこそが世界一であり、その上「天罡」という「打ち出の小槌」まで開発したので、鬼に金棒であり、世界中でファーウェイの5G基地局を採用してほしいとアピールしたのだった。「これまでに世界各地で、5Gネットワーク構築に向けた契約を30件結んでおり、計2万5000個に及ぶ5G基地局を出荷している」とも付け加えた。

「5G元年」を迎えた2019年、ファーウェイは、まさに自信満々だった。

トランプ政権欧州「反ファーウェイ」の旅

中国国内も完全に「ファーウェイの天下」と言えた。中国政府や中国の地方自治体は、国内の5Gインフラの多くを、ファーウェイに委託していた。都市部の通信基地局、主要機関や交通などの通信システム、それに端末のスマートフォンまで含めてである。

ファーウェイの中堅幹部は、私にこう述べた。

「中国全土の5G化を当社が一手に引き受けることも可能だったが、それでは業界が育たないので、ZTEをはじめ他の中国企業にも譲った。中国国内の5G化は、まず大都市と沿岸部を優先させる。整備のピークは2021年になる」

逆にアメリカ国内では、ファーウェイは「駆逐」されていた。

そうなると「勝負」は、世界三大市場のうち、米中を除いたもう一つの巨大経済圏——EU（欧州連合）域内でのファーウェイの趨勢にかかっていた。ファーウェイが5Gスマートフォンの発表の地にバルセロナを選んだのも、EUこそが「主戦場」と睨んだからだった。

もちろんトランプ政権も、EU市場からファーウェイを排除しないと、息の根は止められないことはわかっていた。そこで2月に、「軍事強硬派」のペンス副大統領とマイク・ポンペオ国務長官が、自らEUに乗り込んだのだった。

まずポンペオ長官が、2月11日から15日まで、ハンガリー、スロバキア、ポーランドを歴訪。まさに「反ファーウェイ戦線拡大の旅」と言えた。

2月11日、最初の訪問国ハンガリーで行われたポンペオ国務長官と、ハンガリーのシーヤールトー・ペーテル外務貿易相との共同記者会見は、興味深いものだった。

ポンペオ長官「アメリカが長年、東欧諸国から遠ざかっているうちに、価値観を共有しない人たち（中国）が、その隙間を埋めてしまった。ファーウェイの通信ネットワークが及ぼすリスクに対する知見を、今後われわれは共有していかねばならない。そうでないと、アメリカが（ヨーロッパの）各国と協力しにくくなる」

シーヤールトー外相「わが国が中国といかに協力しようと、それがアメリカとのパートナーシップを危うくすることはない。中国について誤ったことを行うのはよくない。それにファーウェイのヨーロッパでの大口取引先は、ハンガリーではなくドイツとイギリスだ」

ハンガリーは、中欧・東欧諸国の立場を代弁していた。中国は中欧・東欧諸国と「16＋1」（中国―中欧・東欧首脳会議）を、2012年から毎年開いており、習近平政権が掲げる広域貿易圏「一帯一路」の重要な拠点となっていた。2019年4月からはギリシャも加わり「17＋1」となった。

私は2016年秋、これらの国々を視察して回ったが、どの国でも中国の影響力は圧倒的だった。例えば、ハンガリーの首都ブダペストは人口約180万人だが、中心部の一角に3万人の中華街ができていた。あれだけ移民反対を掲げているオルバン・ビクトル政権が、中国からの「投資移民」だけは歓迎だからだ。メイン通りのアンドラーシ通りには、ファーウエイと中国銀行の巨大な看板が掲げられていた。

ポンペオ国務長官は、続く隣国のスロバキアでも同様の主張を述べ、スロバキアもハンガリーと同様の反論をした。最後の訪問地となったポーランドでは、「もしも（5Gを巡って）中国との協力を止めるなら、それは（ポーランドが望む）アメリカ軍基地の誘致に有利に傾く」とまで述べ、技術問題と軍事問題をリンクさせたのだった。

ポンペオ長官は帰国後の2月21日、FOXビジネステレビのインタビューで、さらに踏み込んだ発言をした。

「ファーウェイのシステムは、中国人民解放軍によって設計されたものだということを、どの国も理解しなければならない。今後、ファーウェイを採用した国とは、情報共有や協力ができなくなる」

2月13日から17日までポーランドとドイツを訪問したペンス副大統領の言動もまた、激しかった。13日と14日にワルシャワで開かれた「中東の平和と安定に関する国際会合」で、ポンペオ国務長官と合流。本来はイラン問題と中東和平を六十数ヵ国・機関で話し合う国際会議だったが、ペンス副大統領はファーウェイに対して容赦なかった。

13日に行われたポーランドのドゥダ大統領との会談後、共同記者会見に出席したペンス副大統領は、1月8日にポーランドがファーウェイ現地社員ら二人を逮捕したことを賞賛した。

「(逮捕は)素晴らしい行動だった。ポーランドは安全を脅かす手法で通信技術を不正使用させないとの決意を示した。アメリカはポーランドの軍事パートナーであることを嬉しく思う」

トランプ政権にとって、ポーランドはヨーロッパの「模範国家」だった。ロシアの脅威に直面しているポーランドは、ファーウェイ排除の「ご褒美」として、この時、新型ロケット砲システムの購入覚書を、アメリカと交わしたのだった。

続いて、２月15日と16日にミュンヘンで開かれた第55回安全保障会議では、ペンス副大統領と、中国外交の責任者である楊潔篪《ようけっち》党中央政治局委員（前外相）がバトルを繰り広げた。

ペンス副大統領「アメリカが明確にしておきたいのは、ファーウェイとその他の中国の通信会社によって、われわれの安全保障のパートナーにもたらされる脅威についてだ。中国の法律では、中国の通信会社がアクセスするネットワークや設備のあらゆるデータを、北京の膨大なセキュリティ機器に提供するよう義務づけている。

アメリカは、すべての安全保障のパートナーに対して呼びかける。通信技術や国家の安全システムの信用性を損なうあらゆる企業を警戒し、拒絶してほしい」

楊中央政治局委員「ファーウェイは長年、ヨーロッパを含む各国の通信技術の発展に積極的に貢献してきたし、その際、国際ルールと所在国の法律法規を厳格に守ってきた。中国には企業に『バックドア』の据え付けや外国企業の情報収集を要求する法律などない」

軍事はアメリカ頼り、経済は中国頼り

米中の激烈なバトルの狭間に直面したヨーロッパでは、「ファーウェイ論争」が喧《かまびす》しくなっていった。前述の世界７５０社以上の携帯電話会社が加盟する団体ＧＳＭＡは２月14

日、「GSMAはヨーロッパで通信インフラ供給ネットワークの安全と競争を保護するよう要求する」と題した長文の緊急声明を発表した。以下がその要旨だ。

〈5Gはヨーロッパ市民の生活と働き方を一新するだろう。2025年までに、携帯電話事業者はヨーロッパ全域で5Gを展開し、3000億～5000億ユーロの投資を行う見込みで、われわれの業界がGDPの4％以上を生み出すことになる。この投資を保護し、競争力とデータの入手可能性を維持し、消費者の信頼を維持するために、携帯電話事業者が安全性を犠牲にすることはない。

一方で、ヨーロッパには事実に基づいたアプローチとリスクに基づいたアプローチが必要だ。具体的には、ネットワークのさまざまなセグメント（アクセス、トランスポート、及びコア）への機器の供給を妨げる行為は、ヨーロッパの事業者、企業、及び市民にとってコストを増大させる。ヨーロッパの携帯電話事業者は、すでにヨーロッパ全土の国家安全保障機関との協力関係を確立しており、重大なリスクは完全に回避可能なのだ〉

要は、ネットワークの安全性確保は自分たちで責任を持って行うので、アメリカの「ファーウェイ排除」には与しないと、婉曲《えんきょく》に宣言したのだった。

GSMAの年間の活動などをホームページで確認していて、再認識したことがあった。それは、いまや世界のスマートフォン業界は、生産から販売まで「世界最大の工場＆市場」である中国を中心に回っているという事実だ。

ＧＳＭＡが主催する世界のスマートフォンの祭典「ＭＷＣ」（モバイル・ワールド・コングレス）も、前述のように2月にバルセロナで行い、6月に上海で行うのが「二大イベント」となっている。その中国のスマートフォン業界の頂点に立つのが、ファーウェイなのである。

こうした事情からヨーロッパとしては、「アメリカがファーウェイを排除するというのなら、そんな話は10年前に言ってほしかった。いまさら不可能だ」というのがホンネなのだ。

ファーウェイのサプライヤー・マーケティング部の林崇然氏は深圳本社で私にこう述べた。

「ＥＵがファーウェイの５Ｇシステムを排除するのは不可能だ。ＥＵは道幅が狭く、重量に関する規定も厳しい。それをわが社は、リュックサックにも背負える20キロの５Ｇ基地局を提供するのだ。かつ不可能と言われた４Ｇ基地局の上に５Ｇシステムを被せる方法も確立した。もしもＥＵがわが社を排除すれば、ＥＵはもはや５Ｇの先進地域とは言えなくなる」

実際、ヨーロッパ各国から、アメリカの「ファーウェイ排除」に反旗を翻す声が上がった。オーストリアの通信大手テレコム・オーストリアのトーマス・アーノルドナーＣＥＯは、「地政学と技術の議論は別物であり、われわれはファーウェイとの既存の提携関係を継続する」と述べた。ラトビアの大手通信事業者バイトも、「ファーウェイと結んだ５Ｇネットワークの契約は破棄しない」と発表した。

2月20日には、イギリスの通信本部（GCHQ）傘下の国家サイバー・セキュリティ・センター（NCSC）のキアラン・マーティン所長が、「5Gの通信網にファーウェイ製品を導入しても、国家安全保障上のリスクは管理可能」との見方を示した。その5日前の15日には、イギリスの情報局秘密情報部（MI6）のアレックス・ヤンガー長官が、「ファーウェイ問題は各国に委ねるべきだ」と述べ、ファーウェイを排除しないことを示唆した。さらに25日には、英携帯通信大手ボーダフォンのニック・リードCEOが、「ファーウェイはサプライチェーンで重要な役割を担っており、アメリカはファーウェイが危険だという証拠を示すべきだ」と指摘した。

英紙『フィナンシャル・タイムズ』（2月18日付）はトランプ政権を皮肉る記事を掲載した。

〈中国がファーウェイやZTEを使ってスパイ活動を行うと言って恐れてきたアメリカ当局が、今度は中国中車（世界最大の中国国有鉄道車両メーカー）が地下鉄車両を使って通信傍受すると警戒を始めた。これは合理的な疑念の範疇《はんちゅう》を飛び越え、もはや妄想症《パラノイア》の世界だ。地下鉄で移動中の通信は、「いま電車に乗っているよ」とか「夕食はミートボールかい？」といったものではないのか〉

このように、アメリカの強固な同盟国であり、「ファイブ・アイズ」の中核メンバーでもあるイギリスまでもが、軸足を中国に移し始めていた。その背景には、ブレクジット（EU

からの離脱）で大揺れの中、離脱後は経済的に中国頼みになっていくという事情があった。

２０１５年10月に習近平主席がイギリスを公式訪問した際には、多忙の合間を縫って、ロンドン郊外にある広大なファーウェイのオフィスを視察している。私はその模様を、中央広播電視総台のニュースで見たが、任正非ＣＥＯから説明を受けた習近平主席は上機嫌で、ジョークを飛ばしたりしていた。

そんなイギリスは5Ｇに関して、安価で技術力も高いファーウェイ製品を使いたいのがホンネなのである。２０１９年2月5日の春節（旧正月）の時には、わざわざテリーザ・メイ首相（当時）が、首相官邸のドアに「丹鳳呈祥龍献瑞　紅桃賀歳杏迎春」と漢字で書かれた中国の春節を祝う「春聯《チュンリエン》」（対句）を飾りつけたほどだった。

ＥＵの中「盟主」ドイツは、3月7日に「5Ｇにおいてファーウェイを排除することはない」と発表した。すると翌8日には、「トランプ大統領の親友」リチャード・グラネル駐独アメリカ大使が、ペーター・アルトマイヤー独経済相に、「5Ｇ構築にファーウェイを関わらせれば、米独の情報共有を見直す」と警告。13日には米欧州軍のカーチス・スカパロッティ司令官が、「ファーウェイを採用すればドイツ軍との通信をストップする」とまで明言した。

メルケル首相は19日、「わが国は特定の企業を排除しないが、パートナー国（アメリカ）ともよく話し合う」と、米中双方に配慮した発言をした。同日、ドイツ政府は5Gの周波数帯の入札を始めたが、参加したのは、ドイツテレコム、ボーダフォン、テレフォニカ、ドリリシュの4社で、注目のファーウェイは不参加だった。

一方、フランス政府は沈黙を保っていたが、「RTフランス」は2月8日、パリ政治学院の先端技術の専門家ファブリス・エペルボワン氏との興味深いインタビューを放映した。ユーチューブに上がった動画を見ると、同氏はかなりあけすけに持論を述べていた。

「ファーウェイが基地局を通じて情報を窃取するのは、十分可能だ。だが米シスコの基地局だってできる。スノーデン事件によって、国家間の情報窃取が長年行われていることが明らかになったではないか。この方面では、NSA（米国家安全保障局）のほうがファーウェイよりも上を行っているだけのことだ。

ファーウェイが中国政府に支配されていると言うが、アメリカにも同様の『愛国法』があって、企業は協力を強いられている。フランス国民議会でも、まもなく同様の法律を制定しようとしている。こうした動きは世界的な傾向だ。

世界では現在、アメリカと中国だけが『デジタル主権』を主張できる立場にある。ヨーロッパにその余地はない。そのためわれわれの選択肢は、二つしかないことを知るべきだ。それはアメリカ人に盗まれるか、それとも中国人に盗まれるかだ」

米中両国と友好関係を保ちたいEU

ＥＵは周知のように、アメリカとＮＡＴＯ（北大西洋条約機構）という軍事同盟を結んで、「共通の敵」ロシアと対峙している。そのためアメリカ軍は、絶対に必要である。そのことは１９９１年にソ連が崩壊し、冷戦が終焉してからも、まったく変わっていない。２０１４年３月にロシアがウクライナ南部のクリミア半島を占領して以降は、さらにＮＡＴＯの重要性は高まっている。

その一方で、ドイツやフランスを始め、すでに少なからぬ国々の最大の貿易相手国は中国に移っている。そのためアンゲラ・メルケル首相もエマニュエル・マクロン大統領も、「北京詣で」に余念がなかった。ちなみにフランスでは、２０１８年末から毎週土曜日に、反政府デモ「黄色いベスト運動」が盛り上がったが、「最大の立て役者は中国だ」という声も上がったほどだった。なぜならデモ参加者たちが着る「黄色いベスト」は、ほとんどがメイド・イン・チャイナだったからだ。

中国との貿易を重視するＥＵは、地理的にも遠い中国の軍事的脅威については関わりを避けてきた。私は長年、中国で開催される「夏のダボス会議」を取材してきたが、「中国が共産党一党支配体制でいてくれたほうが安定するからビジネスには好都合だ」と言う声を、何人もの大手EU企業の経営者たちから聞いた。

つまりEUは、軍事はアメリカに頼り、経済は中国に頼るという点で、日本を始めとするアジア諸国と似た立場だった。

そんな中、EUは3月12日、今後の対中関係について10項目の具体的行動を提案するコミュニケを発表した。それを読むと、中国と利害が一致する部分は、中国と組んでトランプ政権を叩きたい。だが、アメリカと利害が一致するところでは、逆にアメリカと組んで中国を叩きたい——そんなEUのホンネが如実に表れていた。

具体的に前者の部分は、国連を中心とした協調外交の展開、地球温暖化防止を定めたパリ協定の順守、2015年に締結したイラン核合意（JCPOA）の順守、自由貿易とグローバリズムの継続といったことだ。また後者の部分は、中国市場における各種規制の撤廃や知的財産権の保護、中国企業と外資系企業の待遇一致といったことである。

3月21日と22日にブリュッセルの本部で開かれたEU首脳会議の最大のテーマは、イギリスのEUからの離脱問題だった。だがイギリスを除く27ヵ国から集まった首脳たちがもう一つ話し合った重要事項が、ファーウェイ問題だった。

この問題に関して、最も中国寄りなのはポルトガルだった。ポルトガルは2018年12月5日にEUで初めて、国内最大の通信会社ポルトガルテレコムが、ファーウェイと5G設備及びサービスの覚書を交わした。

その4日前に、アメリカの求めに応じてカナダが、孟晩舟ファーウェイ副会長を逮捕していることを考慮すると、ポルトガルの親中ぶりが窺える。ポルトガルは、1999年に植民地マカオを中国に返還しており、その交渉過程を通じて中国のパワーを思い知っていた。

逆に最も中国を警戒しているのはポーランドで、前述のように2019年1月8日、ファーウェイの中国人社員ら二人をスパイ容疑で逮捕した。トランプ政権との友好な関係を強調することでロシアの脅威を減らそうと考えているポーランドは、アメリカ寄りが顕著だった。

他の多くのEU加盟国は、アメリカとも中国とも友好関係を維持したいと考えていた。どちらか一方を捨てて、もう片方に付くという選択はできなかった。

そんなEUの心中が透けて見えたのが、3月26日に欧州委員会がストラスブールで発表した「5Gネットワークのセキュリティに対するEUの共通の取り組み勧告」だった。これはEUとしての、5Gとファーウェイに関する初めての公式見解だった。

この勧告のポイントは、「EU加盟国の取り組み」と「EUの取り組み」を分け、ファーウェイとどう付き合うかを、とりあえず加盟国に委ねてしまったことだった。まさに苦渋の選択と言えた。具体的には、以下の通りである。

国家レベル……各加盟国は、（2019年）6月末までに、5Gネットワーク・インフラの国家リスク評価を終える。その際、各加盟国は国家安全上の理由で、国家の標準やレベルの枠組みに適合しない企業を市場から排除する権利を有する。

EUレベル……各加盟国は、ENISA（欧州ネットワーク情報セキュリティ庁）のサポートを受けて、相互に情報交換を行う。そして（2019年）10月1日までに、関連するリスク評価を終える。EUのネットワークと情報システム協力グループは12月末までに、国家及びEUレベルで識別されたサイバー・セキュリティのリスクに対処するための対策を策定する。

6月3日から6日まで、トランプ大統領がイギリスとフランスを訪問した。6月4日に行われたテリーザ・メイ首相（当時）との米英首脳会談では、トランプ大統領が「ファーウェイ排除」を要求したが、メイ首相は拒否した。前章で述べたように、10月にブレクジット（EU離脱）を控えたイギリスは、中国との経済関係を重視しているからだ。

続くフランスで、トランプ大統領はマクロン大統領とともに、第2次世界大戦の帰趨《きすう》を決定づけたノルマンディー上陸作戦75周年記念式典に出席した。だがマクロン大統領は、パリ協定やイラン核合意から離脱したトランプ大統領に対し、アメリカの協力で成功したノルマンディー上陸作戦を引き合いに出して、「他者の自由のために戦った時ほどアメリカが偉大だったことはない」と諭《さと》す一幕もあった。そしてファーウェイ問題に関しても、フランスとも合意なく終わったのだった。

ファーウェイを巡るＥＵの動向から感じることは、ＥＵはファーウェイが「いまそこにある危機かどうか」という短期的視点で見ている点である。すなわち、短期的に見てリスクではないのだから、しっかり管理した上で使えばよいではないかということだ。「ファーウェイ製品は高品質かつ低価格であり、サービスも素晴らしいが、唯一の欠点は社会主義国の企業の製品」というのがホンネだった。

これに対してアメリカは、５Ｇ覇権、ハイテク覇権、果てはＡＩ兵器による21世紀の軍事覇権といったことまで視野に入れた長期的視点で捉えていた。この「視野の差」が、米欧の齟齬《そご》となっている。

結論として、２０１９年夏の時点で、ＥＵは5Ｇを核心的な安全保障上の中核部分と、そうでない部分とに二分し、前者についてはファーウェイを排除するが、後者については受け入れるという方向に流れ出している。

だが、トランプ政権の「軍事強硬派」は、ＥＵからファーウェイを完全に排除させないと気が済まなかった。そこでファーウェイの「牙」を抜く一撃を決断した。すなわち5月15

日、ファーウェイを「エンティティ・リスト」に載せると発表し、ＥＵの主要企業に一斉に手を引かせる「非常手段」に出たのである。これによって、特に端末（スマートフォン）分野において、ファーウェイは海外販売が年間４割減（見込み）という大打撃を受けたのだった。

第5章　米中「経済ブロック化」の行方

中国も対立長期化を覚悟

２０１９年６月、セミの鳴き声がけたたましい真夏の中国。私は、米中貿易戦争に通暁した中国の関係者と向かい合っていた。

彼はまず、５月９日、10日にワシントンで開かれた第11回米中閣僚級貿易協議が、「完全決裂」に至った経緯を吐露した。第２章で述べたようにトランプ政権は、この協議のさなかに、２０００億ドル分の中国製品への追加関税を10％から25％に引き上げた。これ以上はないという、中国のメンツを丸潰しにする仕打ちである。以下、少し長くなるが、中国側の「肉声」をお伝えしよう。

「今回の結果は、これまで積み上げてきた10回にわたる交渉の状況を象徴していた。アメリカ側の身勝手な要求の大部分を、中国側が拒絶してやったのだ。

まず第一に、アメリカはこう言ってきた。両国の貿易に関して、今後はアメリカが一方的に監督する。すなわちアメリカだけが中国に追加関税を課すことができるものとする。それに対して中国は報復措置に出てはならない。

これは、まさに不平等条約であり、とても容認できるものではない。もし仮に容認したなら、中国国内で習近平政権は、大きな非難を浴びることになる。加えて、長期にわたって米中間に不平等な状態が続くことになる。

さらに、アメリカのいままでのやり口からして、こちらが要求を呑めば、さらに要求をエスカレートさせていくだろう。そうなると中国は、いつのまにか追い詰められてしまうことになる。追い詰められた中国は、いずれどこかの時点で、『こんなものは破棄する』と発表するだろう。それだったら、最初から拒否したほうがよい。

第二にアメリカは、今回中国が要求を呑んだとしても、500億ドル分の追加関税（2018年7月6日に発動した第1弾と、8月23日に発動した第2弾の分）は留保すると言ってきた。第三に、中国政府の産業振興政策に制限をかけることを要求してきた。第四に、中国企業が先端技術を取得することにも制限をかけると言う。

これほどの犠牲を払う対価として、中国はいったい何を得るというのか？　昔のように安っぽい靴や帽子やカバンを作っていろというのか？　アメリカの要求を一言で言うと、中国の産業がある程度、発展していくのは構わないが、それはあくまでもアメリカが定めた枠内でやれということなのだ。

関税については、中国側としても深く研究したが、これは喧嘩両成敗となる。追加関税のコストはかなりの割合で、アメリカの輸入業者と消費者が負担することになる。だから追加関税がかかるほど、双方の貿易は減ることになる。

双方の貿易が減ると、アメリカ国内に中国製品が流通しなくなるから、アメリカで商品価格が上がって、インフレとなる。つまりアメリカの景気も悪化していく。

ともあれ、アメリカとの一年にわたる交渉でわかったのは、トランプ政権内にはゴリゴリの反中派の一群がいるということだ。彼らはそもそも、公平な貿易秩序を維持することに重きを置いていない。彼らは中国の発展そのものを阻害することに目標を据えているのだ。かつ今回のアメリカ側の要求は、彼ら反中派の意見を色濃く反映したものになった。

そんなものを、われわれが呑めるはずもなく、拒絶するのは当然の成り行きだった。もしも受け入れたなら、中国は長期にわたって損失を受け、発展を阻害されてしまう。

交渉してわかったことは他にもある。それは両国のボトムライン（譲れない一線）の差は、非常に大きいということだ。交渉を進めれば進めるほど、そのことがはっきりしてきた。

結論として言えるのは、たとえ今後、アメリカとの貿易環境が悪化しても、中国は自主的な発展の道を堅持していくということだ。この道は、短期的には痛みを伴うが、長期的な国益には合致するに違いない」

これがまさに、中国側のホンネなのである。

この話を聞いた私は、二つの質問を投げかけた。第一に、「今後いつ12回目の米中閣僚級貿易交渉を開いて、アメリカとの妥協を図っていくのか？」ということである。これに対し、この関係者は渋面を崩さなかった。

「それは未定としか言えない。大阪G20で、習近平主席とトランプ大統領が握手を交わしたとしても、根本的な解決は見出せないだろう。

そもそも昨年４月に、中興（ZTE）がトランプ政権に叩かれて、６月に『10億ドルの罰金、４億ドルの預託金、経営陣刷新、10年間監視対象』という４点セットで決着した。その時、アメリカと妥結するとはこういうことなのだと知った。一企業としては仕方ないかもしれないが、国家としてはあれでは持たない。重ねて言うが、永久にアメリカの半植民地のようになってしまうからだ。

この1年余りで行われた11回の閣僚級貿易協議の間、アメリカは2度、いったん合意したことに対して『ちゃぶ台返し』を行った。1度目は昨年5月末で、２度目は昨年12月のブエノスアイレスG20での米中首脳会談の後だ。

今年5月初旬に北京で行われた10回目の閣僚級貿易協議では、中国経済の悪化に危機感を抱いた経済学者出身の劉鶴副首相が、しぶしぶ１５０項目に内諾してしまった。だが報告を聞いた習近平主席が、『こんなものは呑めない』として、１０５項目に削った。その辺りはトランプ大統領がツイッターで暴露した通りだ」

第二の質問は、「中国はこの先、アメリカに対して強硬路線を貫き続け、米中は経済ブロック化に向かって進んで行くのか?」というものだ。すると、彼の渋面は険しさを増した。「5月以降、中国国内で完全に潮目が変わった。それまではトランプ政権にある程度、花を持たせれば解決は可能だと考えていた。ところがもうわが方の堪忍袋の緒が切れたのだ。外交部の報道官も『奉陪到底《フェンペイタオディ》』と強調しだしたではないか。

あくまでも個人的な意見だが、私はこの先の展開を悲観的に見ている。これから2020年秋のアメリカ大統領選挙に向けて、トランプ政権の対中政策は、ますます強硬になっていくことが見込まれる。それに伴って今後、『中国ブロック』と『アメリカブロック』という『世界経済のブロック化』が進んでいくのではないか」

トランプ強硬路線が習体制を強化

このような話を中国で聞いていて、私もだんだんと悲観的な気分になってきた。

「奉陪到底」というのは、「最後まで付き合ってやろうではないか」というケンカ言葉である。この言葉はもともと、2011年に中国で公開された任侠映画のタイトルだった。

その映画はあまりヒットしなかったが、習近平主席はお気に入りだったようで、2018年3月にトランプ政権が対中貿易戦争を「宣戦布告」した際、幹部会議の席上でこの言葉を吐いたという。実際に習主席がそう発言したかは不明だが、ある北京の関係者は、「習主席が言わなければ、ここまで流布することはない」と断言する。ともかくこの4文字が、貿易戦争でアメリカに立ち向かう中国のキャッチフレーズになったのだ。

ところが米中貿易戦争がエスカレートするにつれて、第2章で述べたように中国側の不利が否めなくなった。それとともに、この勇ましいスローガンも、いつのまにか雲散霧消した。

それが、2019年5月になって復活したのである。5月中旬に何があったかと言えば、米中閣僚級貿易協議の決裂と、ファーウェイの「エンティティ・リスト」入りである。

たしかに、丸30年にわたって中国ウォッチャーを続けている私から見ても、トランプ政権は少しやりすぎの感があった。

中国という国は、超大国アメリカにガツンと言われると、ある程度はおとなしく従う。ところがある一線を越えて叩き続けると、今度は手のひらを返したように荒れ狂うからだ。そうなった時は、誰も手が付けられない。ちなみに北朝鮮についても同様のことが言える。

これは、国家体制の「保存本能」が働くためである。2018年3月、中国は全国人民代表大会（国会）を開き、その前年10月に開いた第19回中国共産党大会と合わせて、習近平一極体制が完成した。反対派の人々は、それまでの5年余りで一掃され、もはや誰も習主席に歯向かう幹部はいなくなった。

それとともに、幹部たちの卑屈なまでの習主席に対する忠誠合戦が展開されるようになった。習近平主席はかつての毛沢東主席のように偶像崇拝化され、中国社会はまるで1960年代の文化大革命の前夜のような状況と化していった。

そこへ思いがけず、2018年3月に太平洋の向こうから「鉄拳」が飛んできた。トランプ大統領が中国に貿易戦争を「宣戦布告」したのは、習近平一極支配体制が完成した全国人民代表大会が終了したわずか2日後のことだった。

それから1年余り、トランプ政権の「攻撃」はエスカレートし、それに伴って中国経済は疲弊していった。私はその様子を観察しているうちに、意外なことを発見した。

それは中国国内に、「隠れトランプ応援団」が少なからずいたことだった。主にインテリや富裕層、上海人、広東人などである。彼らは表立って声を上げることはないから、「反習近平グループ」と言うより、「非習近平グループ」と呼ぶべき人たちだ。彼らは『トランプの鉄拳』のおかげで中国は健全な発展の方向に向かった」と内心、快哉を叫んでいたのだ。

「健全な発展の方向」というのは、具体的には、規制を緩和して対外開放の度合いを増やし、海外からの輸入を増やし、市場経済化を加速し、社会主義的な締め付けや習近平主席に対する偶像崇拝化を弱めたということだ。何せ「トランプの鉄拳」を見舞われるまでは、北京では「民営企業をなくしてすべての企業を国有化すべきだ」といった時代錯誤的な社会主義論争まで復活していたのだ。

こうしたことが、2018年3月から19年4月までの1年余りの動きだった。ところが2019年5月に、中国の「潮目」が変わった。それまでの1年余りとは真逆で、「トランプの鉄拳」が、逆に習近平政権の強硬路線を強める結果になっているのだ。「親習近平グループ」はますます強硬になり、「隠れトランプ応援団」だった「非習近平グループ」の面々も、「このままではアメリカの半植民地状態になってしまう」と、危機感を抱いた。中国の社会主義体制を変革させるためにトランプ政権が行っているはずの中国叩きが、逆に中国の社会主義体制を強固なものにしていくというのは、皮肉なことである。

「目には目を」

潮目が変わったことを暗示する象徴的な出来事があった。5月20日から22日まで、多忙なスケジュールの合間を縫って、習主席が江西省を視察したのである。この視察は、「初心を忘れず、旅装を調整して再出発する」(不忘初心、重整行装再出発)と銘打って行われた。

習主席が真っ先に向かったのは、江西省贛州《こうしゅう》市於都《おと》県梓山《しさん》鎮潭頭《たんとう》村という、地名を聞いただけでも想像できるほどの僻地だった。「革命の聖地」こと井岡山の南東部に位置する中央紅軍長征出発地記念園を訪れたのである。

1934年10月、毛沢東率いる紅軍(後の人民解放軍)8・6万人が、2年かけて1万25

00キロを徒歩で進み、甘粛省会寧《かいねい》に辿り着いた。これを中国共産党では革命を最終勝利に導いた「長征」と呼んで称えている。

この日、習近平主席は、「長征精神永放光芒」（長征の精神は永遠に光芒を放つ）と刻まれた記念碑に深々と3度お辞儀し、花かごを捧げたのだった。

習主席はなぜこの時期、そのような場所を視察したのか？　私はこれまで、習近平が共産党総書記に就いた2012年11月以降、公にされた動向をくまなく追ってきたが、習近平という政治家は、「建国の父」毛沢東元主席を崇拝している。中国では「還暦」で一巡りだが、「習近平はちょうど毛沢東が還暦の年に生まれたので、自分を『毛沢東の再来』とみなしている」と証言する関係者もいるほどだ。

そのため、何か大きな決断をする際には、必ず「毛沢東主席ゆかりの地」を訪ね、手を合わせる習慣がある。「毛主席と対話している」と前出の関係者は言う。「もし毛主席だったらどんな行動に出るか？」「自分がこれから行おうとしている行動を毛主席はどう評価するか」といったことを反芻し、心を整えるのではないか。

この時の「大きな決断」とは、「トランプ政権との対決」以外には考えられなかった。図らずも、習主席が江西省視察で足を運んだもう一つの場所が、江西金力永磁科技という、あまり聞き慣れない会社だった。

この会社が扱うのは、「最強の永久磁石」と呼ばれ、スマートフォンや電気自動車などに使われるレアアース「ネオジウム磁石」である。江西省西部はこうしたレアアースの宝庫で、この会社も2018年9月21日、深圳証券取引所に上場を果たした。

レアアースは、17種類ある希土類元素の総称だが、アメリカが輸入しているレアアースの約8割が中国産である。そのため中国が「レアアース禁輸」を決めれば、アメリカのハイテク産業はパニックに陥ることが予想される。それを見越してか、習主席がこの会社を視察した5月20日以降、レアアース市場はにわかに高騰を始めた。

そして5月28日、「中国経済の司令塔」と呼ばれる国家発展改革委員会が、衝撃的な発表を行った。「国家発展改革委員会の担当責任者がレアアース産業に関する記者の問いに答える」と題したもので、アメリカがファーウェイ包囲網を強化するのであれば、中国はレアアースで対抗していくという姿勢を見せたのだった。

中国はアメリカとの対立を、4段階で考えていた。

第一段階は貿易戦争で、これは2018年7月にアメリカ側が「開戦」し、これまで述べてきたように、2019年5月に「休戦協定」が決裂。アメリカは同年夏以降、中国からの全貿易品に最高で25％の追加関税をかけるという全面戦争に打って出ようとしている。

第二段階は、主にファーウェイを巡るハイテク（5G）覇権戦争で、これは2018年8

月にトランプ政権が国防権限法を制定して「開戦」。2019年5月にファーウェイを「エンティティ・リスト」に入れたことで、「戦線」が世界中に拡大していくことが決定的となった。世界の5Gを主導するのは中国か、それともアメリカかということで、今後の戦いはさらに激しさを増していくことが見込まれる。

そして第三段階が、経済ブロック化戦争である。これは第一段階と第二段階がミックスした結果、起こるものだ。

つまり、第一段階の貿易戦争が進んで行けば、当然ながら両国間の貿易額と投資額は激減していく。前出の中国の関係者も語る。

「中国の党と政府は『経済ブロック化もやむなし』と見て、すでに『二つの原則』を内部で定めた。第一に、アメリカが中国に制裁を科すなどの措置に出た場合、中国も必ず報復措置を取るということ。第二にアメリカに対する報復措置は、アメリカから中国に対する制裁措置のレベルを超えないようにするということだ。これは、『対話の窓口はいつでも開けてある』というアメリカに向けたメッセージだ」

すでに「経済ブロック化」の傾向は出始めている。米中貿易額は1979年の国交正常化以降、2018年の40周年に至るまで、25億ドルから6335億ドル（約69・7兆円）へと253倍も増えた。だが中国側の統計によると、2019年第1四半期の貿易額は8158億元（約13・6兆円）で、輸出で３・７％、輸入で28・３％も前年同期比で減少している。
また投資額も、２０１８年の米中相互の直接投資額の合計は１８０億ドルで、前年比60％も減少した。内訳は、中国からアメリカへの投資額が50億ドルで83％減少、アメリカから中国への投資が、１３０億ドルで７・１％の減少だ。特に中国からアメリカへの投資の減少が顕著だ。

実際、前述のようにアメリカは、中国企業の排除に乗り出している。すでに国防権限法によって、ファーウェイを筆頭に、ＺＴＥ（通信システム世界４位）、ハイテラ（無線世界トップ）、ハイクビジョン（防犯カメラ世界トップ）、ダーファ（同２位）の５社は、２０１９年８月13日以降、アメリカ国内から事実上締め出される。

また、「エンティティ・リスト」によって、ファーウェイを「内と外」から潰そうとしている。「内」とは、グーグル、アーム、クアルコムなどの知的財産技術を更新できなくすることで、ファーウェイの製品を締め上げたことだ。また「外」とは、その結果、世界中の市場、とりわけＥＵ市場からファーウェイ製品を排除することだ。

これに対し、中国はレアアースを対抗手段にして、アップルのｉＰｈｏｎｅやアメリカ企業の電気自動車（ＥＶ）、次世代の自動運転車などを締め上げようとしている。

中国は５月31日、さらなる対抗手段に出た。商務部の高峰報道官が、中国政府としてファーウェイ問題に対抗していくことを明確にしたのだ。

「関係する法律法規に基づいて、中国は今後、『不信企業リスト』（不可靠実体清単）制度を行っていく。市場の規則を順守せず、契約の精神に違反し、非商業目的で中国企業に対して封鎖や供給停止を行い、中国企業の正当な権益に厳重な損害を与える外国企業、組織、もしくは個人を、『不信企業リスト』に入れる。具体的措置については近く公布する」

中央広播電視総台（ＣＣＴＶ）の記者が、「なぜ不信企業リストの制度を出してきたのか？」と質問した。それに対して、高報道官はこう答えた。

「昨今、世界経済の発展は不確定、不安定な要素が増大している。一国主義、貿易保護主義が台頭し、グローバル貿易体制は、重大な危機に直面している。

一部の外国企業は、非商業目的で、正常な市場のルールや契約精神に違反し、中国企業に対して封鎖措置を取ったり、供給停止やその他の目に余る措置を取っている。それらは中国企業の正当な権益を損ない、中国の国家安全と利益に危害を与えるばかりか、全世界の産業チェーンやサプライチェーンの安全にも脅威を与えている。

国際貿易のルールと多国間貿易体制を維持し保護するため、一国主義と保護主義に反対するため、そして中国の国家安全と社会公共の利益、企業の合法的利益を維持し保護するために、中国政府は『不信企業リスト』制度を打ち立てることを決定したのだ」

図らずもこの時期、フェデックス問題が噴出した。米フェデックス・エクスプレスは、世界220ヵ国・地域を網羅し、年間売上高655億ドル（約7・1兆円）を誇る世界最大の航空貨物輸送会社である。改革開放初期の1984年に中国支社を設立し、1994年には運送会社として初めて、中国税関当局とネットを接続した。その2年後には米中間の直接サービスの認可を取得。2018年1月には、上海浦東国際空港内に、13・4万平方メートルの巨大な貨物ハブをオープンさせた。

このように、中国ビジネスの「模範企業」だったフェデックスだったが、5月にファーウェイから受けた荷物を、発送先ではないアメリカに転送していたことが発覚したのだ。ファーウェイ関係者が憤りを込めて語る。

「アメリカがわが社を『エンティティ・リスト』に入れた翌日の5月17日、ハノイのわが社のオフィスから、香港とシンガポールのオフィスに向けて、重要書類をフェデックスで送った。ところがフェデックスはこれらの書類を香港のフェデックス事務所にいったん送り、そこからアメリカへ転送しようとしたのだ。

同様に、5月19日と20日にファーウェイ・ジャパンが、東京から深圳の本社に向けてフェデックスで送った小包は、アメリカ・テネシー州メンフィスへ送られていた。

そこで今後はフェデックスを利用せず、重要書類は必ず社員が手持ちで運ぶようにした」

この件に関して6月1日、中国国営新華社通信は、次のように報じた。

〈米フェデックス・エクスプレスがわが国で起こした、荷物が明記されていない住所へ送られた行為は、利用客の合法的な権益を著しく損害するものであり、わが国の配達業界の関連法規に違反するものである。よって国家の関連部門が立案し調査することを決定した〉

この報道は、米フェデックスが「中国版エンティティ・リスト」である「不信企業リスト」の第1号となる可能性を示唆していた。中国市場から追放されることを恐れたフェデックスは、「誤配だった」と釈明に努めた。さらに6月下旬には、フェデックスがアメリカ商務省に訴訟を起こす事態に発展したのだった。

5月31日、習近平主席は「『初心を忘れず、使命を深く記憶する』(不忘初心、牢記使命)を主題とする教育活動会議」を開催。党・政府・軍の幹部を一堂に集め、いつもの野太い声を響かせて引き締めを図った。

「中華民族の偉大なる復興という歴史的使命を、わが(中国共産)党が背負っていると深く記憶することが大切だ。積極主導的に動き、闘争精神を保持し、直面するリスクとチャレンジに立ち向かい、堅忍不抜の意志と無私不屈の勇気をもって、一切が困難険阻な路上を前進し、戦勝するのだ!」

同日、国家発展改革委員会の外郭団体である中国国際経済交流センターが、中米経済貿易関係高官研究討論会を開いた。曽培炎元国務院副総理(同理事長)が主催し、戴相龍元中国人民銀行総裁、周文重元駐米大使、朱光耀元財政部副部長ら、11人の重鎮が、それぞれの立場からトランプ政権を非難したのだった。まさに政・官・学合わせたシュプレヒコールである。

中国の官製メディアも連日、ヒステリックなほどに米中貿易戦争について報じ続けた。

私は、5月下旬から6月上旬にかけて訪中し、連日、中央広播電視総台(CCTV)のニュースを見ていたが、女子アナウンサーたちも、米中の旗の写真をバックに吠え続けていた。それまで封じ込めてきた貿易戦争に関する報道が、一気呵成に噴出した感があった。

それらの報道内容を大別すると、4つのことを強調していた。第一に、中国経済は極めて健全に推移しているということ。第二に、逆にアメリカ経済は今後大きく傾いていくということ。第三は、貿易戦争とハイテク戦争(ファーウェイ叩き)の非はアメリカ側にあるということ。そして第四は、中国側は絶対にひるまないということだった。

6月1日、国務院関税税則委員会は第3号公告に基づき、アメリカ産品600億ドル分に、25%、20%、10%の追加関税を実施した。2018年9月24日に実施した第3弾分で、その時は5%もしくは10%としていた。第3弾で5%にした分は税率を据え置いた。

翌2日、この日は日曜日にもかかわらず、国務院新聞弁公室の郭衛民副主任と商務部の王受文副部長(次官)が、緊急記者会見を開いた。王副部長は、対米貿易交渉を担当し、「中国のライトハイザー」の異名を取る。この日の会見は、白書『中米経済貿易協議に関する中国の立場』を発表するためだった。白書の注目すべき記述は、以下の通りだ。

・2018年3月以来、アメリカが一方的に起こした中米貿易摩擦に対応するため、中国は国家と国民の利益を決然と守り抜くため、相応の措置を取らざるを得なくなった。
・協力には原則があり、交渉にはボトムラインがある。重大な原則問題について、中国は決して譲歩しない。
・貿易戦争において、中国は戦いを望まないが、戦いを恐れるものではなく、必要時には戦わざるを得ない。
・グローバル経済の時代には、中米両国の経済は高度に融合し、共同で精度の高い産業チェーンを構成しているのであって、アメリカが中国に対して取る貿易制限措置は、中国を利さず、アメリカを利さず、世界全体をも利さないものだ。
・アメリカの対中追加関税によって、今年4月までで中国の対米輸出は5ヵ月連続下降し、アメリカの対中輸出は8ヵ月連続下降している。
・貿易戦争によって、第一にアメリカ企業の生産コストが上がり、第二にアメリカの国内物価が急上昇し、第三にアメリカの経済成長が鈍化し、第四にアメリカの対中輸出が阻まれる。中国市場を失えば、過去10年で対中輸出のために得た110万人の雇用が消える。

・中国はいかなる圧力をも恐れず、いかなる挑戦にもよく準備して立ち向かう。「大門を開け放つ」が、「最後まで付き合ってやる（奉陪到底）」として戦う。

6月8日、米紙『ニューヨーク・タイムズ』が、「トランプの禁令に協力するハイテク巨大企業を中国が召喚」と題した長文の記事をスクープした。

〈中国政府はこの1週間以内に、アメリカのマイクロソフト、デル、韓国のサムスンを含むメジャーなハイテク企業を呼びつけた。そして、もしもこれらの企業が、アメリカのカギとなる技術を中国企業に売ることを禁じたトランプ政権の命令に協力するならば、厳重な結果に直面するであろうと警告した。（中略）

現在、二つの超大国は、双方が新たな経済兵器を造り出して、相手を標的にしているように見える。これまでは厄介ながらも深く絡み合っていた貿易関係は、ほとんど完全にバラバラとなる脅威にさらされている。世界の二つの超大国が経済的影響力を競い合い、かつカギとなる技術やリソースから互いを剝《は》がし合おうとしている。そしてそれによって、新たな地政学的な現実という妖怪を押し上げている〉

ＧＡＦＡとＢＡＴＨに二分される世界

実際には、ニューヨーク・タイムズが警鐘を鳴らすまでもなく、ハイテク覇権戦争における米中の2大市場は、それぞれのホームグラウンドを縄張りとして囲いつつある。それは、両国のＩＴ産業の牽引役となっている「ＧＡＦＡ」vs.「ＢＡＴＨ」の構図で見ると鮮明だ。

まず、アメリカ市場における「ＢＡＴＨ」の状況を見てみよう。バイドゥは、２００５年5月にナスダック市場に上場したものの、ほとんど何もできていない。２０１７年7月に、１９６０年代のＮＡＳＡ（米航空宇宙局）にあやかって、「アポロ計画」を立ち上げた。これは世界の有力企業約１００社の強みを結集して自動運転の開発を行うもので、アメリカからもインテルなどが参加していたが、米中ハイテク覇権戦争の煽りを受けて停滞している。

アリババも、２０１４年9月にニューヨーク証券取引所に上場を果たし、トランプ大統領の娘婿ジャレド・クシュナー大統領上級顧問とニューヨークでネット不動産ビジネスを行ったりもしていた。だが２０１９年9月に創業者の馬雲（ジャック・マー）会長が引退するのに伴い、アメリカ市場から完全撤退する可能性がある。

テンセントは、香港市場に上場していて、そもそもアメリカでは上場していない。アメリカ留学組が幹部に多いが、このところアメリカ企業の買収を控えている。

ファーウェイはこれまで述べてきた通り、アメリカ市場から撤退を余儀なくされている。２０１９年夏現在、まだ研究部門は一部残っているが、完全撤退の方向である。

次に、中国市場における「ＧＡＦＡ」の状況を見てみる。まずグーグルは、２０１０年３月に「検索の自由が保障されない」として、中国市場から撤退した。この時、私は北京に住んでいて鮮明に覚えているが、北京の中国本部を撤退した日、スタッフたちは中国政府に抗議の意味を込めて、全員で上映中のハリウッド映画『アバター』を観覧したのだった。

「約10年前にグーグルが自主的に中国市場から撤退してくれたことで、バイドゥが発展できたし、ファーウェイも自主的な開発を加速させた。もしグーグルがあのまま中国に居続けていたら、われわれはグーグルに頼り切って、今回の5G戦争を戦えなかっただろう」

ある中国の関係者は、私にしみじみと語った。グーグルは自動運転車の開発でも先行しているといわれるが、年間新車販売台数２８００万台という世界最大の中国市場に参入できなくなる可能性がある。

アマゾンは、２００４年に卓越網《ジュオユエワン》（後に小米《シャオミー》を創業する雷軍《らいぐん》が経営していたＥＣ（電子商取引サイト）を買収することで、中国市場に参入。だがアリババと京東《ジンドン》の２強にまったく歯が立たず、２０１８年のシェアはわずか０・６％。２０１９年4月18日、ついに中国市場からの撤退を発表した。また２０１７年7月に、南部の貴州省に10億ドルを投資し、ビッグデータ・センターを作ると発表したが、完成したという話は聞かない。

フェイスブックは、そもそも中国国内で禁止されている。創業者のマーク・ザッカーバーグCEOは、プリシラ・チャン夫人が華僑で、中国語を学習し、清華大学経済管理学院顧問委員なども務めているが、中国でビジネスは行っていない。

アップルは、次章で述べるようにiPhoneを中国で生産しているが、トランプ政権が2019年5月10日にかけると宣言した第4弾の追加関税措置で、アメリカに「輸出」した場合、25%の追加関税がかかる可能性がある。それを見越して6月19日、中国生産の15〜30%を他国に分散していく計画が伝えられた。

またiPhoneは、世界のスマホ市場の3分の1を占める中国において、急速に人気を落としている。

私は2019年正月に北京を訪れた際、中国人の旧友たちと杯を重ねていて、ふと気づいたことがあった。彼らの持っているスマホが、iPhoneでなくなっていたのである。数年前まで、誰もが自慢げに新型iPhoneを手にしていたのに、すっかりファーウェイなどの中国産スマホに買い換えていた。

iPhoneが敬遠される理由は、コスト・パフォーマンスが悪いからだった。性能はiPhoneより上で、価格は半額といった中国産スマホが、続々登場しているのだ。

いまの中国人がスマホを選ぶ最大の基準は、カメラ機能である。ある宴席で、ファーウェイの「Ｍａｔｅ20」と「ｉＰｈｏｎｅＸＳ」で記念写真を撮って較べてみたら、ファーウェイの方がはるかに鮮明な画像だった。それぞれの持ち主によると、価格は前者が３９９９元で、後者が８６９９元。つまり、ファーウェイはアップルの半額以下だ。

こうしたことから、いつのまにか中国の都市部では、ｉＰｈｏｎｅを手にしていると「ダサい」と見られる時代になった。２０１９年に入ると、アップルは第１四半期に３度も値下げに踏み切るというなりふり構わぬ行動に出たが、中国国内におけるｉＰｈｏｎｅのシェアは前期比41％減の７％まで落ち込んだ（香港ＣＴＭＲ調べ）。このまま行くと、不人気から事実上の撤退に追い込まれたサムスンの二の舞となることが予想される。

このようにＩＴ産業で見た場合、米中双方の市場の経済ブロック化は、すでにかなり進んでいるのである。

この先、ＩＴ産業以外でも、双方の排斥運動が激化していくことも考えられる。アメリカではすでに、第２次世界大戦後の「赤狩り《マッカーシズム》」が再来する気配さえ感じられる。

一方の中国は、２０１９年夏現在では、アメリカ製品の大規模な排斥運動は起きていない。だが中国は、過去10年で２度、大規模な外国製品の排斥運動を起こしている。２０１２年に尖閣諸島を国有化した日本に対して起こし、２０１６年にはＴＨＡＤ（終末高高度防衛ミサイル）の配備を決めた韓国に対して起こした。そのため、いつアメリカ製品に対して「暴発」するかは予断を許さない。

前出の中国の関係者は、私に次のように述べた。

「中国国内からアメリカの有力企業を数社、締め出しただけで、ニューヨーク株式市場が暴落するのは間違いない。

それに対し、中国国内において、外資系企業の就業者数は全体の6％、税収も6％、投資額は8％にすぎない。いずれも1割未満だ。

一方、中国の民営企業は、就業で全体の80％、新規就業で90％、税収で50％、投資で60％をカバーしている。中国政府にとって第一優先的に保護すべきは、国内の民営企業であることは明白だ。極言すれば、全外資系企業が中国市場から撤退してもらっても構わないのだ」

中ロの「準同盟」関係

今後、特に5Gに関して、経済ブロック化が世界中で進行していった場合、どう米中に「色分け」されていくのだろうか？

米中と並ぶ巨大市場のEUについては、前章で述べた通りだ。また日本については、第7章で述べる。

中国は「世界最大の発展途上国」を自任しており、是が非でも取りたいのは、発展途上国の地域である。ロシア、中央アジア、東欧、アフリカ、中東、南米、そして東南アジアとインドだ。特に、米中と並ぶもう一つの大国ロシアを、絶対に自分の側に引きつけておきたい。これは第2次世界大戦後に冷戦が起こった際に、建国して間もない中国が、社会主義陣営を率いるソ連をバックにアメリカに対抗したことを思い起こさせる。

実際、2013年3月に自らの政権を発足させて以降、習近平主席はロシアを、中国にとって最重要国家に据えてきた。国家主席になった翌週には早くもモスクワに飛び、現職の政治家として唯一目標とするプーチン大統領に、大国統治の教えを請うたのだった。この時以降、中ロ両首脳は「年に5回の首脳会談」を約束している。

アメリカとの長期にわたる対立も止むなしと決断した習近平主席は、2019年6月5日から7日まで、就任以来8度目となるロシア公式訪問を行った。時間にしてわずか54時間の滞在だったが、モスクワとサンクトペテルブルクで、「中ロ準同盟」とも言えるプーチン大統領との蜜月を演出したのだった。

ロシアにしてみれば、1917年に世界初の社会主義革命（ロシア革命）を起こして以降、1世紀にわたって「ロシアが兄貴分で中国が弟分」という関係を築いてきた。ところが習近平主席が発足して以降、中国の強国化は目覚ましく、逆にロシアは2014年3月のクリミア侵攻によって欧米から経済制裁を喰らい、エネルギー価格も下落し、すっかり立場が逆転してしまった。

そんな折に、トランプ政権に叩かれて窮した習主席が助けを求めて訪ロしたとあって、プーチン大統領は「我時を得たり」とほくそ笑んだに違いなかった。換言すれば中ロ両首脳は、いくらアメリカが世界ナンバー1の超大国とは言え、ナンバー2の中国とナンバー3のロシアが組めば、十分対抗していけると踏んだのである。

モスクワのボリショイ劇場で2019年6月5日に行われた中ロ国交樹立70周年記念式典では、習主席好みの「毛沢東とスターリン」の演出を凝らし、習主席は感慨深げに漏らした。

「70年前に毛主席がソ連を訪問し、両国の指導者が中ロ友好の歴史の扉を開いたのだ」

同日、クレムリン宮殿で行われた習主席とプーチン大統領との30回目の首脳会談では、「国交樹立70周年を、過去最高の良好な関係の中で迎えられた」と称え合い、共同声明を発表した。共同声明はかなりの長文で、政治協力5項目、安全保障協力7項目、実務協力17項目、人文交流11項目、国際協調23項目からなっていた。

中でも注目すべきは、実務協力の第6項から第8項で、次のように謳っていた。

〈**第6項**　科学技術イノベーションの強力をさらに深く、さらに広く推し進めるため、2020年と21年を「中ロ科学技術イノベーション年」とする。中ロの科学分野での大きな協力を推進し、超伝導重イオン加速器用のイオン衝突装置の推進に中国が参画する。

第7項　中ロの「2018年―2022年　航空宇宙協力大綱」を土台に、両国の航空宇宙分野での長期的な互利協力を開拓し深化させていく。それは、打ち上げロケットとエンジン、月と宇宙探査、地球観測、航空宇宙用電子部品、宇宙デブリモニタリング（破片観測）、低軌道衛星通信システムなどの重点分野での協力を含む。

第8項　情報通信技術、デジタル経済、無線エレクトロニクスを管理する分野の協力を強化し、中国の「北斗ナビゲーション・システム」とロシアの「グロナス・システム」で、軌道や周波数の互換と協力を強化する。民間航空、原材料、設備、無線エレクトロニクスなどの分野での協力を積極的に実施し、中ロの工業実務協力をさらに新たなレベルに引き上げる〉

このように、アメリカが中国の5G覇権を喰い止めようとしている最中《さなか》、中ロは「科学技術イノベーション年」を定め、近未来の宇宙開発まで二人三脚で進めると謳ったのである。

首脳会談の後、クレムリンの孔雀石の間で、両首脳が見守る中、二十数件、計200億ドル（約2・2兆円）以上に上る契約覚書の署名式が行われた。そこには、アメリカ産大豆に代わってロシア産大豆を中国が大量に輸入する契約も含まれていた。中ロの貿易額は2018年に初めて1000億ドルを突破したが、早くも2000億ドルの目標が掲げられた。

そんな中でひと際大きな拍手が起こったのは、ファーウェイの郭平副会長兼輪番会長と、ロシア最大の電信会社MTS（モバイル・テレシステムズ）のアレクセイ・コーニャCEOが登壇した時だった。二人は壇上でがっちり握手を交わし、ロシアの5Gにおける両社の協力を内外に示したのだった。

翌日、サンクトペテルブルクに場所を移して行われた「第23回国際経済フォーラム」（SPIEF）にも、習近平主席は初めて参加。自らが進める広域経済圏「一帯一路」と5G戦略を、ロシアとともに推進していくことを強調し、プーチン大統領も同調したのだった。

米中陣取り合戦

6月8日から12日まで、製造業が盛んな浙江省の寧波《ねいは》で、第1回中国・中東欧国家博覧会・国際消費品博覧会が開催された。

中国と中欧・東欧諸国は前章で述べたように、2012年から毎年、「16＋1」（中欧東欧16ヵ国と中国）の首脳会談を行っている。2013年に習近平時代になってからは、広域経済圏「一帯一路」の重要拠点と位置づけている。

2019年の「16＋1」は、4月12日にクロアチアのドブロフニクで、李克強首相が出席して行われたばかりだった。この時はギリシャを加え「17＋1」とすることを示し合わせた。ところがそれから2ヵ月も経たずして、再び中国は17ヵ国を「招集」したのである。これは5G時代の米中経済ブロック化に備え、「一帯一路」の御旗を掲げて、早期に中欧と東欧諸国を取り込もうという意図に他ならなかった。

習近平主席は6月中旬、さらに「ユーラシア大陸を味方につける旅」に出た。キルギスで開かれた第19回上海協力機構（SCO）サミットに出席。翌15日にはタジキスタンで開かれた第5回アジア相互協力信頼助成措置会議（CICA）に出席した。SCOは中国、ロシア、カザフスタン、ウズベキスタン、タジキスタン、インド、パキスタン、キルギスの加盟8ヵ国に加え、アメリカとの対立が激化するイランのロウハニ大統領もオブザーバーとして参加した。CICAは中国、ロシア、インドを始め、27ヵ国が参加し、いずれの会議でも習主席は、中国がユーラシア大陸を主導していく姿勢を鮮明にしたのだった。

中国は他にも、6月27日から29日まで、湖南省の省都・長沙《ちょうさ》で、第1回中国・アフリカ経済貿易博覧会を開催した。開催前の6月11日には、長沙とケニアのナイロビ間に、中国南方航空が週2便の直行便を開通させた。

中国は2018年9月、北京にアフリカ53ヵ国の首脳を集め、中国・アフリカ協力フォーラム北京サミットを開催。習近平主席が600億ドル（約6・6兆円）の対アフリカ援助を発表したばかりである。それから1年も経たずして、アフリカを取り込むための経済貿易博覧会を急遽、開催したのである。ちなみにアフリカ最大の貿易相手国は、2018年まで10年連続で中国が占めており、アフリカでは「チャイナフリカ」(チャイナ+アフリカ)という造語も生まれているほどだ。

次に重要なのは、13億の巨大市場インドだが、前出の中国の関係者は自信をのぞかせる。

「今後経済のブロック化が進んだ場合、インドは必ずやアメリカ側ではなく中国の側につくだろう。なぜなら第一に、中国とインドの経済は相互補完的であり、今後インド経済が発展していくためには、絶対的に中国が必要だからだ。

第二に、5月に5年の再任が決まったモディ政権が、親米外交ではなく自主外交を展開していることだ。貿易問題では中国と同様、アメリカに対抗している。中印の洞朗《ドクラム》高原を巡る領土紛争は、両軍とも動かなければ騒動にはならない。

そして第三に、インドが根深い賄賂社会であることだ。1980年代の中国に似たところがあり、中国はうまくインド経済に入って行ける」

たしかに、2018年のインドの携帯電話販売台数は3・3億台に上るが、スマートフォンのシェアは、1位シャオミー(小米)28%、2位サムスン24%、3位vivo10%、4位OPPO8%、5位マイクロマックス(インド)5%と、1位、3位、4位の中国勢で46%を占める。また、トランプ政権が一般特恵関税制度(GSP)からインドを除外したとして、インドは6月16日にアメリカ産農産品など28品目の関税を引き上げた。同時期にはアメリカがインド人技術者のビザ発給制限を行うとも報道され、インドが猛反発した。

ＡＳＥＡＮ（東南アジア諸国連合）についても、中国は自国の経済ブロック圏に組み込もうと考えている。

4月25日から27日、習近平主席が北京で主催した「第2回『一帯一路』国際協力サミット・フォーラム」には、ＡＳＥＡＮ10ヵ国のトップが、ズラリ顔を揃えた。

このフォーラムは、ファーウェイの5Ｇ攻勢の格好の場となった。マレーシアのマハティール首相はわざわざ北京のファーウェイのオフィスまで足を延ばし、任正非ＣＥＯから直接、説明を受けたのだった。

また、5月31日から6月2日までシンガポールで開催されたアジア安全保障会議で、基調講演を行った同国のリー・シェンロン首相は、「アメリカはファーウェイの脅威について、もっと控えめに語るべきで、中国の台頭を受け入れなければならない」と述べた。

「ＡＳＥＡＮの多くの国は、中国が最大の貿易相手国であり、中国を取るかアメリカを取るかと迫られれば、絶対に中国を取る。アメリカがなくても生きていけるが、中国がいないと生きていけないからだ。そもそもＡＳＥＡＮ各国の経済を握っているのは、それぞれの国の華僑であり、中国は彼らとがっちり結びついている」（前出・中国の関係者）

6月29日、大阪Ｇ20サミットに合わせて、トランプ大統領と習近平主席の約7ヵ月ぶりの米中首脳会談が開かれた。この会談でトランプ大統領は、第4弾の3000億ドルに上る中国製品への追加関税を延期。米中閣僚級貿易協議を再開することとなった。

追加関税を延期したのは、同月17日から25日まで米通商代表部（USTR）で開かれた関連する約320社への公聴会で、追加制裁に反対する企業が圧倒的だったことが大きかった。翌年に再選を控えたトランプ大統領は、追加制裁が景気悪化につながり、景気悪化が再選にマイナス材料となることを懸念したのである。

ファーウェイに関しても、トランプ大統領はG20サミット終了後の会見でこう述べた。

「多くの部品をアメリカ企業から調達しており、その一部を続けることは、アメリカ企業の利益になるので構わない。ただしインテリジェンスの問題もあるので、解決は最後まで残す」

ともあれ、第三段階の米中経済ブロック化が加速していけば、その先にあるのは、最終段階である米中の局地的な軍事衝突だ。南シナ海、台湾海峡、東シナ海の3ヵ所がホットスポットとなる。いずれも日本の近海だ。

その中で、今後最も米中の「熱い戦い」が展開されることが予想されるのが、2020年1月に総統選挙を控えた台湾である。台湾を巡る米中のせめぎ合いについて、次章で見ていきたい。

第6章　米中の「最終決戦場」台湾

鴻海会長の台湾総統選挙出馬表明

2019年6月の深圳。私がタクシーで珠三角環線高速道路を北上し、龍崗区の五和大道出口で降りた時、運転手がポツリと呟《つぶや》いた。

「この道を通るたびにいつも思うことがある。道の東側には、名門の大学院を出ていないと入社できないファーウェイが広がっている。一方、道の西側には、中学校を出ていなくても入れるホンハイ（鴻海精密工業、フォックスコン）が広がっている。同じ業界の会社で、道一つ隔てただけというのに、まるで世界が違う」

運転手の話を聞いて、私は改めて左右を見較べてみた。第1章で述べた巨大なファーウェイ本社の向かいに、さらに「ファーウェイ帝国」の2倍にあたる10万人の社員を擁する「ホンハイ帝国」が広がっていることに気づいた。

それにしても、実に対照的な風景だった。道路の東側は、まるで欧米の大学のキャンパスのように青々とした緑が広がり、その中に豪華な館が点在している。一方の西側は、巨大で殺風景な巨大工場群で、文化の香りも感じられない。

近隣の店舗も、東側には高級レストランがズラリ軒を並べている。それに対し、西側には10元（約160円）も出せば腹一杯になりそうな屋台がひしめいていて、「タトゥー消し屋」

なる店が軒を構えていた。タクシーを降りて、若い女性客に聞いてみると、彼女は自分の腕をめくりながら答えた。

「私みたいにタトゥーが好きな若者は多いけど、入れ墨をしているとホンハイの工員になれないから、こうやって落としてもらうのよ」

だがこの位置関係は、ファーウェイとホンハイが、兄弟のような関係にあることをも示していた。ホンハイの関係者によると、「ホンハイ帝国」に君臨する郭台銘《かくたいめい》会長（テリー・ゴウ）は、毎年新年になると、この地へやって来るというので、ファーウェイの任正非CEOとも「新年の挨拶」を交わしていることだろう。

「媽祖《まそ》のお告げによって、私は立候補を決意した……」

2019年4月17日、台湾の台北市中山区にある中国国民党（以下、国民党）本部で、珍妙な枕詞で始まる出馬会見が開かれた。国民党は、10月10日に創建100周年を迎える、台湾で最も伝統ある政党だが、現在は蔡英文《さいえいぶん》・民進党政権下で野党に甘んじている。

この日、世界最大のEMS（電子機器受託製造サービス）企業、ホンハイの郭台銘会長が、2020年1月の台湾総統選挙に、国民党候補として出馬すると表明したのだ。

郭会長は、ファーウェイの任正非CEOの「老朋友《ラオポンヨウ》」（旧い友人）として知られる。198

8年、当時38歳の郭会長率いる無名のホンハイは、一人の知り合いもいない中国の経済特区・深圳に工場を出した。その頃、ファーウェイは創業したばかりで、やはり無名だった。

二人の「老板《ラオバン》」（社長）は、1990年代になってファーウェイがホンハイの隣に工場を建てて以降知り合い、意気投合した。年齢は任CEOのほうが6歳年上だったが、創業は郭会長のほうが13年早かった。また、深圳は任CEOのホームグラウンドだが、郭会長は資本主義社会（台湾）での経営に精通していた。性格的には、任CEOが前述のように深謀遠慮の哲学者タイプなのに対し、郭会長は即物的で、直感の人である。だが何より、二人とも赤貧の中から身を興し、ファイト精神に溢れ、勃々《ぼつぼつ》たる野心を抱いていた。

それから長い時を経て、図らずも米中貿易戦争で、そして米中ハイテク戦争で、両者は「渦中の経営者」となったのだった。以下、ファーウェイと深い関係があるホンハイについて、少し見ていきたい。

郭会長は1950年10月18日、台北市の中心部から7キロほど南西に下った板橋《バンチアオ》（現在の新北市中心部）の「媽祖」を祀った慈恵宮の中で生まれた。「媽祖」とは、中国人が沿岸地域で古代から祀ってきた「航海の無事を守る女神」だ。郭会長はそこの警備局員・郭齢瑞《かくれいずい》（山西省出身で1948年に移住）の長男で、9歳まで境内で育った。

その後、中国海事専科学校（現・台北海洋科学技術大学）の航運学科に進学したのも、やはり

「媽祖のお告げ」だった。だが卒業後、海運業には向いていないと思い、ゴム工場の工員など職を転々とする。

1974年、24歳の年に、母親から20万台湾ドル（約70万円）を借り受けて、半分の10万台湾ドルで、同い年の林淑如《りんしゅくじょ》と結婚式を挙げた。二人の間には息子一人、娘一人がいるが、林淑如は2005年に乳がんで死去した。郭会長は2008年、24歳年下の自身が通うスポーツジムの女性トレーナー曽馨瑩《そけいえい》と、馬英九《ばえいきゅう》総統夫妻（当時）を仲人にして再婚。新たに息子一人と娘二人をもうけた。

郭台銘は前妻と結婚した1974年、母親から借り受けた残りの10万台湾ドルで、10人の工員を雇って鴻海《ホンハイ》プラスチック（後の鴻海精密工業）を創業した。創業時は白黒テレビのチャンネルのつまみ部分の下請け工場だった。社名の由来も、やはり「媽祖のお告げ」で、「鴻飛千里、海納百川」（鴻は千里を飛び、海は百川を納める）という成語から取った。

転機が訪れたのは、創業15年目の1988年である。その前年に、世界最長38年も続いた台湾の戒厳令が解除され、中国大陸への親族訪問などが解禁された。改革開放政策を進める中国の鄧小平は、これをチャンスと見て、「以経促統《イージンツートン》」（経済を以て統一を促す）のスローガンのもと、台湾企業を中国大陸に呼び込もうとした。

当時の台湾は、「戒急用忍《ジエジーヨンレン》」（性急を戒め忍耐を用いる）をスローガンに、台湾企業に自戒を求めた。だが、それを破って中国大陸に進出した台湾企業第1号が、ホンハイだった。このため郭会長は現在でも、中国共産党や中国政府の幹部たちから「水を飲む時は井戸を掘った人のことを忘れない」（喝水不忘掘井人）と、敬意をもって接遇されている。

そのためホンハイは、深圳北郊の一等地・龍崗に工場を提供され、以後、中国で安価な製品を作ってアメリカなどに輸出するという「三角ビジネス」で、大躍進していった。1991年に台湾証券取引所に株式上場。1990年代後半から深圳工場で、世界の名だたるメーカーのパソコンを作り始め、2004年に世界一のEMS企業となったのである。2016年にはシャープを買収し、日本でも名を馳せたことは、まだ記憶に新しい。

ホンハイは中国では、富士康《フシカン》科技集団という社名で展開している。富士康は中国国内で、実に39都市に工場や拠点を置き、最大時には約150万人もの中国人従業員を雇用していた。2019年夏現在は、100万人程度まで落ちたが、それでも中国最大規模の民営企業だ。

ホンハイは「鉄腕経営」で知られている。一例を示すと、私が北京に住んでいた2010年、ホンハイの深圳工場が、中国で社会問題になった。「現代版女工哀史」のような悲惨な長時間労働を強いたことが原因で、疲弊した工員たちが立て続けに12人も、社員寮から飛び降りるなどして自ら命を絶ったのだ。

こうした状況を改善するため、郭会長が工場に向かうというので、北京の知人の中国人記者が、深圳に取材に行った。彼は北京に戻ると、目を丸くして語った。

「現場を視察した郭会長が、工場長に何と命じたと思う？『社員寮の周りにトランポリンを張り巡らせろ』と言ったんだ。『それはあんまりだろう』と、地元の当局が突き上げたよ」

ホンハイの２０１８年12月期連結決算は、売上高が前年比12％増の５兆２９３８億台湾ドル（約18・３兆円）、純利益は前年比７％減の１２９０億台湾ドル（約４４５０億円）である。売上高では、パナソニックと日立を併せた額を超えており、２０１８年版「フォーチュン・グローバル５００」では、世界24位の巨大企業だ。子会社は、約８００社にも上る。

郭会長は、台湾では「台湾首富《ショウフ》」（台湾一の富豪）と呼ばれているが、４月に総統選挙出馬を表明して以降は、「台湾川普《チュアンプー》」（台湾のトランプ）というニックネームになった。実際、トランプ大統領とは友人関係にあり、「台湾版のトランプ大統領になる」という意気込み出馬宣言したのである。

米中対立の狭間で

台湾では、50年にわたる日本の植民地支を経て、１９４５年以降は国民党政権が長期にわたって続いた。だが台湾の民主化に伴って金権（黒金《ヘイジン》）政治が批判を受けて、２０００年に下野。代わって「台湾独立」を綱領に掲げる民進党の陳水扁《ちんすいへん》政権が発足した。その後、馬英九首席率いる国民党が２００８年に政権を奪還したが、２０１６年5月に再び民進党の蔡英文政権となった。任期は２０２０年5月までで、同年1月に次期総統選挙が行われる。

蔡英文政権は発足以来、３年以上にわたって習近平政権と「冷戦状態」にある。その影響もあって台湾経済は芳しくなく、実質ＧＤＰ成長率は、２０１７年の３・０８％から２０１８年は２・６３％へと落ちた。

加えて台湾は、米中貿易戦争とハイテク覇権戦争に翻弄されていた。「中国大陸からアメリカへ輸出している10大企業のうち、８社が台湾企業」（尹啓銘《いんけいめい》元台湾経済部長）なのである。

中でも最大の企業がホンハイで、２０１８年の中国の全貿易額の４・１％を、ホンハイが占めていた。ｉＰｈｏｎｅも大部分はホンハイが中国で生産し、アメリカや日本を始め世界に出荷している。ファーウェイのスマートフォンも同様だった。

トランプ政権は２０１９年5月10日、２０００億ドル分の中国製品の追加関税を10％から25％に引き上げた。トランプ大統領は、「次は残りの３２５０億ドル分の中国製品に、25％の追加関税をかける」と宣言していて、そこにはホンハイが輸出しているｉＰｈｏｎｅも含まれていた。かつホンハイの重要なパートナーであるファーウェイを潰そうとしている。

つまり郭会長は、米中貿易戦争による「最大の被害者」と言っても過言ではなかった。そこで「トランプ政権とも習近平政権とも親しい自分が台湾総統になって、米中対立の緩和に一肌脱ごうと思い立った」と本人は言う。実際には、一介の町工場から世界的企業に育て上げたホンハイを救うには、もはや自分が台湾総統になるしかないと思い至ったのだろう。

郭会長とトランプ大統領との仲を取り持ったのは、ソフトバンクの孫正義《そんまさよし》会長兼社長である。２０１６年12月６日、孫会長はニューヨークのトランプタワーに、大統領当選を果たしたばかりのトランプを訪ね、５００億ドルのアメリカへの投資と5万人のアメリカでの雇用創出を約束した。その目玉の一つが、ホンハイのアメリカ新工場への投資計画だった。

翌２０１７年７月、郭会長はトランプ大統領の目の前で、「ウィスコンシン州に１００億米ドルを投資して、８Ｋ液晶パネル工場を建てる」と発表した。その直後にトランプ大統領は、「本当は３００億ドル投資すると郭会長から言われた」と、アメリカ人企業家たちに漏らしたほど、頬が緩んでいた。

そして２０１８年６月28日、ウィスコンシン州の８Ｋ液晶パネル工場の着工式が行われ、トランプ大統領もわざわざ参列した。式典でトランプ大統領と郭会長は互いを称え合った。たしかに、両者には性格的に共通点が多かった。常に攻撃的で独裁的、朝令暮改は日常茶飯事、カネと家族しか信用しない、たびたび女性スキャンダルに見舞われる……。

だが、ウィスコンシン州工場の着工式の翌週の７月６日、前述のように米中貿易戦争が

「開戦」。8月13日には、トランプ大統領が国防権限法に署名した。第２章で述べたように、この法律の「第８８９条」によれば、２０２０年８月には、「ファーウェイと取引のある企業」は、アメリカから締め出されてしまう。

これはすなわち、ホンハイのアメリカ事業崩壊を意味した。なぜならホンハイはｉＰｈｏｎｅと同時に、ファーウェイのスマートフォンやその他の製品も生産しているからだ。

郭台銘会長は２０１６年11月、思いがけず自分と同じ実業家出身のトランプ候補が大統領選挙に勝利したことで、欣喜雀躍《きんきじゃくやく》した。だが、その後の米中貿易戦争やハイテク覇権戦争はまったくの想定外だった。

こうした状況に郭会長は、大規模な最先端の工場をアメリカに建てたら、容易に逃げられなくなると判断。２０１９年１月30日、ウィスコンシン工場計画の見直しを発表した。比較的リスクが低い研究所に変えようとしたのだ。
だが、これでは地元の大量雇用にはつながらないため、トランプ大統領が嚙《か》みついた。２月１日、郭会長に直接、電話をかけて説得。郭会長は翌２日、春節前のホンハイの忘年会で、「やはり当初の予定通り進めることにした」と述べたのだった。

おそらくこの頃、郭台銘会長は、次期総統選挙への出馬を最終決断したものと思われる。「一国の主」と「一社の主」では、当然ながら前者のほうが強い。だからトランプ大統領にも習近平主席にも逆らえない。そこで同じ「一国の主」となることで、ホンハイの安寧を図ろうとしたのだろう。

その際、これは私の推測だが、「盟友」の任正非CEOにも、電話を入れて支援を要請したのではなかったか。任CEOにとってみれば、トランプ政権の強い圧力下で親しい郭会長が出馬することは願ってもないことだ。

習近平と郭台銘、任正非の「仲」

一方、習近平主席にとっても、知己である郭会長の出馬は吉報だった。習近平は1985年から2002年まで、台湾と海峡を挟む福建省に勤めていて、最後は福建省長兼党委副書記になった。この時代に、多くの台湾人士と面識を得ているが、郭会長もその一人だった。

習近平は共産党総書記及び国家主席に就任してからも、郭会長との交流を続けた。郭会長は2014年の春節明けの2月18日、北京の釣魚台国賓館に、習近平主席を訪ねている。この時は、中国共産党の「老朋友」である連戦《れんせん》国民党名誉主席も同席した。連戦は2000年と2004年に国民党公認候補として台湾総統選挙に出馬したが、二度とも敗れ、現役を退いた。現役時代から「中国大陸との和解」もモットーにしており、野党時代の2005年4月には国民党主席として、胡錦濤《こきんとう》共産党総書記（当時）との歴史的な北京会談を実現させた。

習主席が郭会長に期待していたのは、「中台間の架け橋」としての役割だった。実際、この時の三者会談が下地となって、翌２０１５年11月に、習主席と馬英九総統という中台トップ同士が、１９４９年の分断以降、初めてシンガポールで対面するという歴史的会談が実現したのである。

だがその後、台湾には、２０１６年５月に独立を志向する蔡英文政権が発足し、２０１８年７月には、米中貿易戦争が勃発した。こうなると習近平政権としては、中国からアメリカへの最大の輸出企業であるホンハイを中国に繋ぎとめ、味方につけておくことが、戦略上絶対的に重要である。万一、ホンハイが中国各地の工場群を撤退させ、追加関税のかからない東南アジアやインドなどに工場を移転させたら、中国の地方経済に甚大な被害を及ぼすからだ。加えて失業者の増加は、習近平政権が最も懸念する反政府暴動に直結する。

習近平主席と任正非ＣＥＯの関係についても述べておこう。両者は、「中華民族を発展させる」という理想は同じでも、そのスタンスは若干異なる。

習主席が敬愛し、目標にするのは「建国の父」毛沢東である。それに対し任ＣＥＯは、毛沢東の死後に実権を掌握した「改革開放の総設計師」鄧小平を地で行く経営者である。ファーウェイを興したのも、鄧小平が改革開放のために創った経済特区・深圳だった。ファーウェイの古参幹部は、私にこう述べた。

「2015年10月に習主席が国賓としてイギリスを訪問した際、現地のファーウェイを視察し、任CEOが案内した。その映像が世界に流れたので、両者は親しい間柄と思われているが、実はそれほどでもない。その証拠に、李克強首相はファーウェイの深圳本部を視察に訪れているが、習主席は2度も深圳視察に来ていながら、ファーウェイを訪れていない。

任CEOは、これまで北京の指導者が誰であろうと、共産党政権から距離を置こうとしてきた。それで共産党や政府の一切の役職に就いていない。2018年末に、改革開放40周年を記念して、『100人の特別功労者』が表彰された際にも、『BATH』の創業者の中で、任CEOだけが選ばれなかった。推薦が来たのに、任CEOが固辞したのだ」

たしかに深圳に来てみると、街に習近平主席の写真も共産党のスローガンも掲げられておらず、「中国であって中国でない」雰囲気である。

深圳気質を物語るエピソードがある。2016年10月、李克強首相が深圳視察に訪れ、テンセントやDJIなど深圳を代表する起業家80人余りと懇談した。その中で李首相が「今後政府にどんな支援を望むか?」と質問した。すると起業家たちは押し黙ったが、やがて一人が挙手して言った。「お願いですから私たちを放っておいてください。それが一番、政府に望むことです」。その返答に、会場は拍手喝采となったというのだ。

この話は参加者の一人から聞いたが、任正非CEOも、まさに深圳気質の申し子と言える。私はファーウェイ取材を続けながら、この会社がもしも中国企業ではなく西側諸国の企業だったらどうなっていただろうと想像を膨らませたものだ。

それでも現在のファーウェイは、中国政府といわば二人三脚になっている。それは第一に、5Gが社会そのものを変革するため、どの国においても政府と企業が一体になって進めていくからである。社会主義国の中国では、特にその傾向が強い。第二に、トランプ政権から強烈に叩かれているのは、ファーウェイであり中国だからだ。こうして毛沢東的な習近平主席と鄧小平的な任正非CEOが、交わっていくのである。

ファーウェイ5G戦略の生命線

アメリカとの貿易戦争が、ファーウェイを中心としたハイテク覇権戦争に「昇華」していくにつれて、中国にとって、別の意味でホンハイの重要性が増した。それは、ホンハイは米アップル社の製品と同様、ファーウェイの製品に関しても主力工場だということだ。ホンハイは2019年に入って、経営の軸足をアップルからファーウェイに移し始めていた。

これまで述べてきたファーウェイの5G戦略は、ホンハイの工場での製品の生産と、TSMC（台湾積体電路製造）の工場での半導体チップの生産が、「二つの生命線」となっている。ファーウェイ製品の約半分は、子会社のハイシリコン（海思半導体）が、製品の心臓部となるコアチップを設計している。ハイシリコンは前述のように２００４年に深圳に設立され、約1万人の半導体関連の研究者らを抱えている。

その設計に基づいてＴＳＭＣが、台湾新竹・上海・南京の工場で受託生産する。正確に言えば、最新型のチップは、蔡英文政権の政策によって中国大陸での生産は禁じられているので、台湾の新竹で生産。一世代前のチップは上海と南京工場で生産している。

ＴＳＭＣは、２０１７年上半期に10ナノチップを量産。２０１８年上半期には7ナノまで縮小して量産した。それを２０２０年上半期には、5ナノまで縮小して量産する計画である。このような半導体生産に関する先端技術は、ＴＳＭＣ以外には、世界のどこも持ち合わせていない。

そのＴＳＭＣの半導体を組み込んだ製品を、ホンハイが中国各地の工場で生産するというのが、ファーウェイ製品の大まかな流れだ。「ファーウェイ製品」とは、実際には「ファーウェイ＋ホンハイ＋ＴＳＭＣ」の合作と言っても過言ではないのである。もしくは、「中国＋台湾」の合作と言ってもよい。ファーウェイはＴＳＭＣの他にも、例えばスマートフォンのＣＯＦ（チップ・オン・フィルム）基板を台湾の易華電子に委託したりしているからだ（２０１９年2月12日付『工商時報』）。

ファーウェイは、２０１８年10月に「92社リスト」と呼ばれる主要提携企業を発表。その

用途	名称	規格
スマートフォン	Kirin 980、Kirin 990	7ナノ
データセンター	Hi 1620	7ナノ
サーバー	Hi 1711	16ナノ
SSD	Hi 1812E	16ナノ
クラウド	Ascend 310、Ascend 910	12ナノ、7ナノ

ファーウェイのチップとTSMC

(出典：2018年12月26日付『工商時報』)

中には、アメリカ企業33社や日本企業11社が含まれていた。ファーウェイにとって、もちろんアメリカや日本企業も重要だが、製造面において生命線となっているのは、ホンハイとTSMCなのである。

一方、アメリカを代表する半導体設計メーカーのクアルコムも、5G時代のICチップはTSMCに製造を委託する予定だ。そのクアルコムのチップを使っているのがアップルである。だが2019年上半期、TSMCのウエハー（半導体の材料）投入枚数は、ファーウェイがアップルを逆転した（3月7日付『工商時報』）。TSMCにとってもまた、最大の顧客はアップルからファーウェイに変わりつつあった。

そこへ、5月16日にアメリカがファーウェイを「エンティティ・リスト」（制裁対象リスト）入りさせるという「エンティティ・ショック」が起こったのだ。だがTSMCは「ファーウェイとの取引を停止しない」と宣言し、ファーウェイ及び中国政府を安堵させた。

台湾を制する者がハイテク戦争を制する

このように、ファーウェイとともに５Ｇを発展させたい中国にとっても、ファーウェイを潰して中国の野望を打ち砕きたいトランプ政権にとっても、ホンハイとＴＳＭＣが、決定的に重要である。台湾には「一台のスマートフォンが台湾を救う」（一只手機救台湾）という言葉もあるほどで、両社は台湾経済を支える「両腕」と言える。換言すれば、米中ハイテク覇権戦争は、「台湾を制する者が制する」のである。

ＴＳＭＣは、郭台銘会長と並ぶ台湾のもう一人のカリスマ経営者で、「半導体の父」と呼ばれる張忠謀《ちょうちゅうぼう》（モリス・チャン）が、１９８７年に創業した世界最大のファウンドリー（半導体チップ生産企業）である。

１９３１年に浙江省寧波《ねいは》で生まれた張忠謀は、第２次世界大戦の終戦直後に18歳で訪米し、マサチューセッツ工科大学機械工学科で学士と修士を取得。スタンフォード大学で電気工学博士号を取得した。その後、フォード自動車、テキサス・インスツルメンツなどを経て、１９８５年に台湾工業技術研究院長に就任し、台湾を終《つい》の棲家とした。そして１９８７年に、台湾工業技術研究院とオランダのフィリップス社が提携して創業したのが、ＴＳＭＣである。以後、２０１８年６月に86歳で完全引退するまで、足かけ32年にわたってＴＳＭＣ

に君臨し、同社を世界一のファウンドリーに押し上げた。

TSMCの2018年の連結売上高は、1兆314億台湾ドル（約3・6兆円）、従業員数は約4万8000人。本社は台湾の新竹サイエンスパークにあり、中国（上海・南京）、日本（横浜）、アメリカ、オランダ、韓国、インド、カナダに工場・拠点を構えている。アップルやファーウェイなど世界の有力企業481社（2018年現在）と提携し、世界全体の約半分の半導体を受託生産している。台湾は日本と並んで「スマートフォン業界の負け組」と言われるが、内部の半導体に関しては、完全に勝ち組なのである。

張忠謀会長は、欧米化されたインテリ経営者として知られ、いつも自身は後ろに控え、何より会社の和を重んじ、堅実に社業を伸ばしていくタイプの経営者である。トランプ政権ではペンス副大統領と親しく、台湾では蔡英文総統と親しい。そうは言っても台湾独立派というわけではなく、常に政治的中立を心掛けてきた。2019年の台湾総統選挙キャンペーン中、記者から何を聞かれても「我没有評論」（私はコメントしない）の5文字しか口にしない。

郭台銘会長と張忠謀会長は、まさに性格も経営手法も対照的だが、台湾では「長年の盟友」として知られる。年齢差19歳の両者は、互いに敬意を抱きながら、台湾のIT産業を発展させてきたのだ。

さらにそこに、海を挟んだ深圳の任正非ファーウェイCEOが加わる。この「三巨頭」は互いに盟友関係にあり、一蓮托生の関係にある。そして、自身の企業の発展はもちろんだが、「中華民族の隆盛」という愛国的観点からも、志を同じくしているのだ。

トランプ政権は２０１８年11月1日、そんな「中台連合」を粉砕すべく、楔《くさび》を打ち込んだ。ジェフ・セッションズ司法長官（当時）が、米半導体メーカーのマイクロン・テクノロジーから企業秘密を盗んだとして、中国の国有企業であるＪＨＩＣＣ（福建省晋華集成電路）と、世界３位のファウンドリーである台湾企業のＵＭＣ（聯華電子）、及び台湾人３人を産業スパイ容疑で起訴したと発表したのだ。

起訴された３人は、マイクロンの台湾にある子会社で働いていたが、ＵＭＣに転職。ＵＭＣ経由で、技術提携先のＪＨＩＣＣにマイクロンの機密情報が不正に渡ったという。司法省と歩調を合わせるように、アメリカ商務省は２０１８年10月29日、ＪＨＩＣＣに対するアメリカ企業からのソフトウェア販売などを規制すると発表した。

ＪＨＩＣＣは、２０１６年2月に、３７０億元（約５８００億円）を投じて、習近平主席のかつてのお膝元、福建省に設立した、ＤＲＡＭ（半導体メモリ）などを自前で生産するための国有企業である。

２０１５年5月に中国政府が制定した「中国製造２０２５」では、ＩＣチップなどの「革新的基礎材料」の国産比率を、２０２５年までに70％に引き上げとしている。ＳＥＭＩ（国際半導体製造装置材料協会）によれば、２０１７年の中国のＩＣチップの国産比率は、14・0％にすぎない。「中国がアメリカと決定的に違うのは、石油と半導体の自給率が低く、輸入に頼らざるを得ないことだ」と、前出の中国の関係者も述べていた。この点が、中国の５Ｇ戦略のアキレス腱になってくると見て、アメリカは急所を突いたのである。

結局、アメリカに恐れをなしたＵＭＣは、ＪＨＩＣＣとの提携を縮小した。アメリカの「中台分断戦略」は、成功を収めたことになる。

腹の虫が収まらない中国は、同年12月10日、ＪＨＩＣＣと同じ福建省の福州市中級人民法院が、「アップルがクアルコムの特許を侵している」として、ｉＰｈｏｎｅ７機種を中国国内で販売禁止にするという決定を下した。完全な報復措置と言えた。

ハイテク覇権と台湾統一

重ねて言うが、習近平政権としては、ホンハイとＴＳＭＣを味方につけることによって、台湾を取り込みたい。それによってファーウェイを飛躍させ、アメリカとの５Ｇ覇権を巡るハイテク戦争に打ち勝ちたい。

そのための最善策は、習近平主席の「悲願」である台湾統一を早めることである。台湾を統一できれば、ホンハイもＴＳＭＣも北京の意のままにできる。

習近平が共産党総書記になったのは2012年11月で、国家主席に就いたのは2013年3月である。私はそれ以後、公開されたほぼすべての習近平演説・論文などに目を通してきたが、一貫しているのは、台湾統一に懸ける熱意である。習主席の言動の端々から、「この人は尊敬する毛沢東主席が成し得なかった台湾統一を、何としても自分の手で成し遂げたいのだ」と思えてくるのだ。

2019年1月2日には年明け早々、人民大会堂に幹部たちを集めて、「台湾同胞に告げる書」発表40周年記念式典を行い、熱の入った演説をした。私はこの時、北京へ行っていて、現地のテレビで見たが、そこで習主席は、改めて台湾に対して「一国二制度による統一」を強く促した。

それは、いわゆる「香港方式」と呼ばれるもので、1997年に香港がイギリスから中国に返還された際、「50年間社会制度を変えない」（香港特別行政区基本法第5条）とした。同様に台湾も、資本主義の制度を50年間維持するという条件で、統一を果たそうというのだ。

1972年に、アメリカと中国は国交正常化交渉に入ったが、実際に国交正常化を果たしたのは、1979年の元日だった。なぜ7年近くもかかったかと言えば、ひとえに台湾の扱いについて、米中が折り合わなかったからだ。結局、「台湾は中国の不可侵の領土と中国が主張していることをアメリカは尊重する」ということで落着。米中国交正常化に合わせて、アメリカは台湾に防衛用兵器を提供し、台湾防衛に適切な行動を取るとした台湾関係法を定めた。一方の中国は、台湾に早期の統一を促す「台湾同胞に告げる書」を発表したのだ。

２０１８年３月の全国人民代表大会で、習近平主席は、自らの国家主席の任期を撤廃する憲法改正を行った。この時、私は直感したことがあった。

それは、やはり習主席は、どうしても自分の手で台湾統一を成し遂げたいのだということだった。残りの任期５年では、台湾統一が成し遂げられるか自信がなかったから、強引に任期を延ばしたのではないか。

「習近平のプーチン化が進んでいる」とも、最近は言われている。だが、それを言うなら、習主席がプーチン大統領に最も見習いたいのは、「クリミア方式」で台湾を統一することではないだろうか。プーチン大統領は周知のように、ソチ冬季オリンピックの翌月、２０１４年３月に、クリミア半島を電光石火で併合してしまった。同様に、２０２２年には北京冬季オリンピックが控えている。

前述のように、習近平主席は２０１５年11月、当時の馬英九台湾総統と、シンガポールで電撃的に中台トップ会談を行った。習主席がそこまで決断した理由は、ひとえに国民党の朱《しゅ》立倫《りつりん》候補を、２ヵ月後に迫った台湾総統選挙で勝たせるためだった。だがあろうことか朱候補は、３０８万票差という記録的大差で、民進党の蔡英文候補に敗れてしまった。

そのような「敗戦候補」を、中国が再び「応援」したいとは思わないだろう。応援するなら、蔡英文総統の再選を阻止できる候補がよいに決まっている。

台湾の国民党陣営では、2018年11月の統一地方選挙で「奇跡の当選」を果たした韓国《かんこく》瑜《ゆ》高雄市長の人気が高く、本人も次期総統選挙に出馬表明した。

国民党は、7月5日から15日にかけて、5つの調査機関に世論調査を依頼した。その結果によって、7月16日に公認候補を決め、同28日に正式指名。中国側の「お目当て」は郭会長で、郭台銘総統が誕生した暁には早期の台湾統一を狙う――そのような狙いを秘めていた。

郭会長の持論は、「台湾をＡＩの島にする」ことである。具体的には、台北＝5Ｇ都市、南投＝自動運転車都市、台東＝遠隔教育・医療都市、新竹＝研究開発センター都市、台中＝ロボット都市、高雄＝クラウド都市などだ。各都市の持ち味を活用して、台湾全体を「最先端科学技術の島」に変えていくという構想だ。

郭会長は常々、「尊敬する人物はユーラシア統一を果たしたジンギスカン」と公言しており、「中台統一」への思いは強い。総統選挙への出馬表明後に初めて開いた5月6日の記者会見でも、意味深な発言をした。

「台湾も人間と同様、二足歩行している。それは経済の足と、政治の足だ。台湾はこの30年、政治の足が経済の足を支え続けてきた。だが今後、さらに前へ踏み出すためには、政治の足に頼ってはならない。政治の足に頼るとバランスを崩して跛行《はこう》を引き起こしてしまう。すなわち、政治改革を減速させなければならない。自由と民主は前へ進んだが、経済がついて行かず、後れを取っている。だからいまこそ経済を前へ動かす人間が必要なのだ」

この発言は、受け取りようによっては、郭台銘会長が台湾総統になったら、台湾を「政治体」ではなくて「経済体」に変えるとも捉えられる。すなわち、香港と同様の「一国二制度」による統一である。

一方、韓国瑜高雄市長のほうは、そこまで踏み込んだ発言はしておらず、「中国大陸との関係を改善する」としていた。だが陸軍軍官学校を出て、国立政治大学で「中台統一」を修士論文のテーマに選んだほどで、やはり統一に対する意識は高い。そのため中国としては、元青果市場運営会社社長の韓国瑜市長が国民党公認候補に選ばれたとしても、郭会長同様、国民党内に派閥を持たないため、結局は中国に頼ってくるだろうと見ていた。

これも仮の話だが、もしも習近平主席と次期台湾総統が、電光石火で「統一合意書」にサインしてしまえば、一人の血も流さずに即日、台湾統一が成し遂げられるのである。まさに中国が秘かに目論む「クリミア方式」の「無血統一」だ。

その際、台湾の「一国二制度」を50年でなく100年にするかもしれないし、中国の国家予算のうち何割かを「台湾復興用」に拠出すると約束するかもしれない。台湾総統はおそらく、中国国家副主席を兼任するだろう。

ともあれ、中国が台湾を統一した瞬間に、米中ハイテク覇権戦争は中国側が勝利する。そしてそれは、21世紀の世界の覇権が、アメリカから中国へと移行していくことを意味する。

だが「一国二制度」の「先輩格」である香港は2019年夏、逃亡犯条例の改正を巡って反中感情を爆発させた。また、トランプ政権の「軍事強硬派」にとっては、中国による台湾統一は「悪夢」そのものだ。トランプ政権の「軍事強硬派」の中台関係に関する教科書と言える『中国の侵攻の脅威　台湾防衛とアメリカのアジア戦略』（イアン・イーストン著、2017年、未訳）には、台湾における近未来の危機の詳細なシミュレーションが描かれている。

だからそうなる前に、徹底的に中国を押さえ込みにかかろうとしており、その「発現」がファーウェイ潰しとも言えるのである。

終　章　ファーウェイと日本

生き残りを図ってファーウェイと提携

終章として、ファーウェイと日本、そして米中対立の狭間で日本がどう生き抜くかということについて考えてみたい。

2019年5月15日、米ワシントン発のファーウェイ「エンティティ・リスト」入り発表のニュースは、日本にも大きな衝撃を与えた。

財務省貿易統計によれば、2018年の日本の最大の貿易相手国は中国で、貿易額全体の21・4%を占めている。そして2位がアメリカで14・9%。貿易額で見ると、3対2の割合だが、米中両国でビジネスを展開している日本企業は多い。それが今後は、トランプ政権が引いた「ハイテクのカーテン」によって、「アメリカを選ぶか、中国を選ぶか」の二者択一を迫られる可能性が出てきた。

2019年に出荷数世界一を目指していたファーウェイのスマートフォンにも、また通信基地局にも、日本メーカーの部品は数多く使われていた。高価格帯の機種「P30シリーズ」の製造にも日本メーカーのロボットが使われていることは、第1章で記した通りだ。ファーウェイの2018年の日本企業からの調達額は、7309億円に達した。

ファーウェイは2018年10月、主要な提携企業を発表し、表彰した。いわゆる「92社リスト」である。その中には、日本企業も11社入っていて、契約金額順に以下の通りだ。

9位…富士通、12位…ヒロセ電機、14位…村田製作所、15位…ソニー、29位…住友電工、45位…東芝メモリ、59位…古河電工、61位…NTTエレクトロニクス、62位…住友大阪セメント、65位…三菱電機、71位…パナソニック

このように、日本の名だたるメーカーがズラリ並んでいるのだ。他にも「盟友」のソフトバンクを始め、多くの日本企業が、ファーウェイと提携関係にあった。

「エンティティ・リスト」入りの発表を受けて真っ先に動いたのは、携帯電話のキャリア3社だった。5月22日、ソフトバンクとKDDIは、発売直前だったファーウェイの新型スマートフォン「P30シリーズ」を発売延期にすると発表した。またNTTドコモも同日、予約受付を停止した。

ファーウェイのスマートフォンの日本でのシェアは、2018年の出荷台数で、アップル、シャープ、ソニー、サムスンに次いで5位の6・4%だった。だが、2019年はアップルに次いで2位に躍り出るというのが、日本の業界の共通認識になっていた。

その後には、前述の「5Gスマホ」の出荷が控えていて、すでにファーウェイは2018

年10月、東京・新宿東口の「ビックロ」（ビックカメラとユニクロがコラボした旗艦店）に、ファーウェイ・サービスセンターを開設し、販売拡大を図っていた。

それが突然の、「P30シリーズ」の発売延期である。トランプ政権は、日本企業に特別な規制を課したわけではなく、規制を課したのはあくまでもアメリカ企業に対してである。より正確に言えば、「市場価格の25％以上、アメリカ原産の部品やソフトウェアがあれば海外製品も禁輸対象とする」というのが、アメリカ商務省の見解だ。

だがファーウェイのスマートフォンは、米グーグルのOS（基本ソフト）「アンドロイド」を使用しており、グーグルに規制がかかってくる。グーグル系のグーグルマップ、Gメール、ユーチューブなどは今後、更新されなくなる可能性がある。中国国内では、そもそもグーグルを禁じているので問題ないが、中国以外では致命的と言えた。

アメリカ商務省は5月20日、グーグルなどのアメリカ企業への影響を考慮して、「一部品目に対して90日間の猶予期間を設ける」と発表した。これに合わせてグーグルも21日、「今後90日間はソフトウェアとセキュリティの更新を行う」と発表した。だが8月下旬以降は、やはり更新されなくなるリスクがある。

アメリカを選ぶか、中国を選ぶか——。まるでハムレットのような心境に立たされた日本企業の苦悩を象徴しているようなケースが、パナソニックで起こった。

5月23日、「パナソニックがファーウェイとの取引停止」というニュースが、日本で一斉に流れた。ところが、パナソニックの中国現地法人の中国語のホームページで確認したら、同日付で次のような「厳正声明」が出されていたのだ。

〈目下、パナソニック・グループとファーウェイとの取引は正常である。インターネット媒体で飛び交っている「取引中止」などの表現は、事実と異なっている。ファーウェイはパナソニックの長年の重要な提携パートナーである。わが社はパナソニックがある国家・地域の関係する法律法規条例を厳格に順守しながら、継続してファーウェイなど中国の顧客の商品を購入し、サービスを提供していく。そうして微力ながらパナソニック・グループは中国で貢献し、中国事業の発展を積み上げていく〉

パナソニックは、創業者の故・松下幸之助元会長が鄧小平副首相の依頼を受けて、日本企業で初めて中国にテレビ工場を建設。２０１８年には北京の同工場跡地に、日本人としては異例の個人名がついた松下記念館をオープンさせるほどの「親中企業」として知られる。自ら表明しているようにファーウェイとも長年の「友好関係」にあり、同日に日本のパナソニックのホームページ内で「ファーウェイ」を検索すると、9万２３００件もヒットした。

そもそも、日本の電器業界は、２０１８年6月14日、ファーウェイとともに5G標準仕様の策定を終了したことを発表している。加盟企業はパナソニックを始め、アンリツ、富士通、KDDI、京セラ、三菱電機、日本電気、NTTドコモ、シャープ、ソフトバンク、ソニーモバイルコミュニケーションズ、住友電気工業の計12社である。

「提携関係」というと聞こえはいいが、実際にはファーウェイの5Gシステムの「大樹」の下に、枝葉として摑《つか》まりたいのである。以前は、「日本企業＝ブランドメーカー」「中国企業＝下請け部品メーカー」という構図だったが、近年は日中逆転現象が顕著だからだ。

『日本経済新聞』（2019年3月30日付）は、衝撃的な記事を報じている（長文のため抜粋）。

〈日本のスマートフォンが世界で急速に存在感を失っている。かつて10社超がひしめき合った携帯電話メーカーは半減した。ソニーはかつてスウェーデンのエリクソンとの合弁会社で展開していた携帯電話事業で、世界で年1億台を出荷していた。2012年に合弁を解消し、単独で世界に再挑戦したが現在、世界シェアは1％を下回る。シャープはホンハイ傘下で海外展開の加速を狙うが、現時点では国内販売が大半を占める。日米で展開する京セラも米国で安価なプリペイドタイプの携帯から撤退するなど、順調と言いがたい。日本勢は今でも一定程度のシェアを持つ国内を主戦場とする。ただ、国内市場も盤石ではない。

スマホだけでなく、テレビやパソコンといったデジタル機器の汎用化で中国や韓国勢が台頭し、日本勢の存在感は失われてきた。デジタル分野で日本が世界で勝負できるハードはほとんど残っていない〉

重ねて言うが、このような状況下で日本メーカーは、「巨竜」ファーウェイの「下請け部品メーカー」として、生き残りを図っているのが現状なのだ。

日本へのリスペクト

２０１８年12月19日、バンクーバーの拘置所から保釈された8日後に、孟晩舟副会長は長い日記を書いた。それが中国最大の国際紙『環球時報』（12月21日付）に掲載されたが、彼女が書いていたのは、主に日本に関することだった。東京在住のある日本人から、励ましの手紙をもらったというのである。以下がその要約だ。

〈ある日本人から届いた手紙が、「微信《ウェイシン》」（WeChat）の「友達の輪」に貼られていて、私の心を温かくした！　もう言い尽くされていることだが、人間には真の愛情があって、自分が危険や困難に遭った時にようやく、自分にはかくも多くの見知らぬ人たちからの愛情が寄せられているのだと知るものだ。

（２０１１年3月11日に）日本の福島で地震が起こった時、私はアメリカのＩＢＭ本部にいた。そこで、1週間にわたるワークショップに参加していたのだ。

その頃、わが社では、すべての緊急事案――戦争、疫病、動乱、地震などが起きた時には、財務担当者（孟副会長）が一切の責任を持つと決めたばかりだった。

私はアメリカから帰国して、(深圳本社での) IBMの報告などが一段落すると、すぐに東京へ飛んだ。そしてファーウェイ・ジャパンの人たちと、災害後のネット通信の復興や、ファーウェイ・ジャパンの今後のあり方について話し合った。日本の地震は、私たち財務部が初めて執り行った危機案件だった。日本の災害後の復旧作業中、ありとあらゆる障害に直面したが、私たちがそれまで蓄積してきた非常時の貴重な経験が助けになった。

今回私の身に起こったことは、取り立てて言うべきほどのことではないし、誇れるものでもない。だが8年近く経って、このような一般の日本人からの手紙が私の面前に届くなんて、思ってもみなかった。何と自分が誇らしく思え、素晴らしい慰めとなったことか。いまにして誇れるのは、あの不確定な状況下で、私が日本行きの飛行機に乗ったことだ〉

彼女の父親で創業者の任正非CEOも、2018年1月18日に深圳本社で、日本記者団の質問に答えた。以下が、その主要な任CEOの発言だが、やはり日本への思いについて、熱く語っている(一部順序を入れ替えた部分がある)。

〈**福島** 東日本大震災で津波により福島の原子力発電所で事故が発生した時、ファーウェイの社員たちは被災者が避難する流れに逆らって被災地に向かい、2週間で668基の基地局の復旧作業を完了させ、日本の災害復旧に向けてサービスを提供した。その際、孟晩舟はすぐに災害復旧のために日本に行ったが、香港から東京に向かう飛行機の乗客は孟晩舟を含めて二人しかいなかった。

今回、彼女がカナダで逮捕された後に日本の方からいただいた孟晩舟宛の手紙を読んで、私たち家族も涙を流した。日本の皆さんがまだわれわれのことを覚えていてくれたからだ〉

〈**情報窃盗**　過去の実績が示すように、ファーウェイはこれまで30年間にわたって170ヵ国以上で30億人にサービスを提供してきたが、セキュリティにおいては満足のいく記録を残している。そもそもわれわれは、あくまで設備のベンダーだ。通信ネットワークは通信事業者が運用・管理するものであり、われわれのものではない。ファーウェイは通信データを所有していないのだ〉

〈**『北国の春』と桜**　日本を初めて訪れたのは三十数年前のことで、私もとても若かった。その時、とても深い感銘を受けた。日本も第2次世界大戦の後に、非常に大きな苦しみがあっただろうが、困難な状況を乗り越えて、今日の繁栄を成し遂げたからだ。

私が好きな『北国の春』は、奮闘する人に向けた歌だ。歌詞自体は、故郷に残してきた恋人がいたが、結局、出稼ぎに行ったきりで連絡が途切れ、数年後に故郷に戻ったものの、すでにその恋人は結婚してしまっていたという内容だ。そのため、中国ではラブソングと解釈されているが、私は奮闘する人に向けた歌だと思っている。

かつて日本と中国には、非常に貧しかった時代があった。『北国の春』はそういった時代の勤勉な日本人の奮闘精神を歌っている。私も同じように貧しい暮らしをしていたので、そうした気持ちがよく理解できるのだ。

他方、桜は日本人の心を象徴している。桜は、淡いピンク色の花びら1枚だけでは、さして美しくない。桜の花一つでも、桜の木1本でも、数本集まっても、綺麗には見えない。しかし、それが山全体ピンク色に染まる規模になると、桜はとても美しい。山一面に咲き誇る桜の姿こそが、日本人の心を表すものだと感じる。日本人は非常に団結力が強いが、これは世界でも稀なもので、それこそが日本の美なのだ。

中国は日本人の仕事への真摯な態度、品質にこだわったものづくりの心を学ぶべきだ〉

任正非CEOと日本について、ファーウェイ・ジャパンの中堅幹部が証言する。

「任CEOは毎年、桜が咲く季節に来日します。しかし、『仕事時間を一分たりとも無駄にしてはいけない』と厳命されていて、空港に迎えに行ったり派手な接待宴を開くことは御法度です。本人は居酒屋と新橋のラーメン屋がお気に入りです」

アメリカに白旗を揚げる日本

ファーウェイの「日本前線基地」にあたるファーウェイ・ジャパンは、前述のように2005年に始動した。それから6年後に東日本大震災が発生した時、任CEOや孟副会長が述べているように、ファーウェイは福島を始めとする被災地に飛び込み、いち早く基地局の復旧を行った。

ファーウェイ・ジャパンの中堅幹部に聞くと、「われわれはアフリカや中東の紛争地でも、普通に仕事していますから」と言う。やはり彼らは「企業戦士」なのである。

ファーウェイ・ジャパンは２０１１年、この時の功績が評価されて、悲願だった日本経団連への加盟を、中国企業として初めて許可された。２０１８年からは、これも中国企業初の経団連幹事会員に昇格。２０１９年３月には、関西経済連合会にも加入した。

わずか20人から始まったファーウェイ・ジャパンは、２０１９年現在、社員数が１０５０人を数え、うち75％は日本での現地採用者である。日本の本部は東京・大手町の高層ビルの中にあり、東京（4ヵ所）、横浜、船橋、大阪の計７ヵ所に、オフィスや研究所を持っている。

ファーウェイ・ジャパンは、この15年近くで、日本の顧客を増やし、順調に業績を伸ばしてきた。日本での通信基地局のシェアは、２０１７年に13％を超えた。

前述のように新型スマートフォンも、斬新なテレビＣＭや東京の山手線を借り切る大型広告などが効いて、「ｉＰｈｏｎｅ一強」と言われる日本市場に風穴を開けつつあった。

ファーウェイ・ジャパンは会社設立以来、過去15年間にわたって、一件も新聞沙汰になるような不祥事を起こしていない。周知のように昨今、日本の大手メーカーは、製品の事故から社員のスキャンダルまで、多種多様な問題が起こっているが、ファーウェイ・ジャパンは、日本の法律・法規を遵守しながら、堅実にビジネス活動を行ってきたのである。この客観的事実は認める必要があるだろう。

私は過去に3年間、北京で駐在員の経験があり、日系企業ながら日本人は社内に私だけ、取引先もほとんど中国企業という状況で、3000人近い中国人と名刺交換した。そのため中国人ビジネスマンには慣れているが、ファーウェイ・ジャパンの深圳本社から派遣された中国人駐在員たちは、中国で言うところのとびきりの「精英《ジンイン》」（エリート）である。英語や日本語でビジネスを行い、都心の高級マンションに部屋を借りている。「まっとうに考えて、まっとうにビジネスをし、まっとうに日本で暮らしている」という印象だ。

そんなファーウェイ・ジャパンに、最初の「激震」が走ったのは、2018年12月、孟晩舟副会長がカナダで緊急逮捕された時だった。トランプ政権がファーウェイに「スパイ企業」のレッテルを貼ったことで、日本でも猛烈なファーウェイ批判の嵐が吹き荒れた。

12月6日に、カナダで孟副会長が逮捕されたというニュースが入ると、日本政府の対応は素早かった。10日には「IT調達に係る国の物品等又は役務の調達方針及び調達手続に関する申し合わせ」を決めた。

この「申し合わせ」の第4項「契約方式」には、「総合評価落札方式や企画競争等、価格面のみならず総合的な評価を行う契約方式を採用する」と記されている。「安いからと言って入札を決めてはならない」という通達で、事実上の「ファーウェイ排除」と報道された。大手携帯電話キャリアも、NTTドコモとKDDI、それに2019年秋から携帯電話事業に新規参入する楽天は、すぐに「ファーウェイとの訣別」を発表した。

残ったのは、ファーウェイと最も深いビジネス関係にあるソフトバンクだった。

ソフトバンクの孫正義社長は、「ユニクロ」の柳井正社長と並んで、日本では数少ない「合理主義的経営者」だと、私は常々思っている。一切の偏見を持たずに取引先と対面し、現在と未来の状況を見通しながら、自分の頭で判断を下す。

アリババの馬雲（ジャック・マー）会長や、不動産王と呼ばれた王健林ワンダグループ会長など、私が中国で会ってきた「大老板《ダーラオバン》」（大社長）と呼ばれる人たちには、このタイプが多い。実際、2000年に当時無名だったアリババを見出し、20億円を出資して現在の巨大企業のもとを作ったのは、孫社長だ。

そのような孫社長は、近未来の世界に「ファーウェイ5G網」が築かれることを見越して、4Gの基地局にファーウェイを採用するなどして、大規模なパートナー関係を結んできた。なにせ福岡ソフトバンク・ホークスの選手たちの野球帽にも、ファーウェイのロゴマークを入れていたほどなのだ。

だが2018年12月13日に、「日本政府が情報通信など14分野を対象に、情報漏洩などの懸念がある情報通信機器を調達しないよう民間企業・団体に要請」という報道が流れたところで、ソフトバンクも観念。翌14日に、「ファーウェイ製品を使用しない」と発表した。

この間のソフトバンクの経緯について、ある日本政府関係者に聞いたところ、「あくまでも個人的見解」と断ったうえで、次のように述べた。

「日本時間の12月6日午前中に、孟晩舟副会長の逮捕が公になり、同日午後に突然、ソフトバンクの電話回線が不通になって、大混乱になっただろう。

私がこの時、思い起こしたのは、1991年の湾岸戦争開戦の日のことだった。アメリカはイラクを攻撃するにあたって、自国を除く世界中のGPS（全地球測位システム）をストップさせたのだ。そのため日本のシステムも大混乱に陥った。あの時、アメリカはいざとなれば何でもできるし、かつやってしまう国なのだと再認識した。

同様に、あまりにファーウェイに近づきすぎているソフトバンクに、警告を発したのではないか。ソフトバンクは、直後の12月19日に株式上場を控えていたから、これ以上の抵抗はできず、白旗を揚げたというわけだ」

にわかには信じられない話だ。だが、スノーデン氏の手記やインタビュー、それに『CIA秘録』（文春文庫）などを読むと、「アメリカの常識」は「日本の常識」とはかけ離れていることがわかる。

ファーウェイ排除は日本の国益になるのか

一つ指摘しておきたいことがある。それは本稿を書いている2019年6月末現在、アメリカは「ファーウェイが現在、どんな悪事を働いているのか」について、何も答えていないことだ。アメリカは、ファーウェイが情報を窃盗しているという証拠を一つも示していないし、過去に日本でファーウェイが情報を窃盗したと判明したケースも、一つもないのだ。

アメリカは2003年にも、「イラクは大量破壊兵器を製造している」との風評をでっち上げて、イラク戦争を開戦した。その時、西側諸国からも反対の声が上がったのは、まだ記憶に新しい。今回も「悪の証拠を示していない」という点では、イラク戦争の開戦前とまったく同じである。

逆に、ファーウェイが「無罪」という証拠は出てきている。例えば、孟晩舟副会長逮捕で揺れていた2018年12月17日、日本で信頼を得ている機器分解調査会社「テカナリエ」が、ファーウェイの当時の最新スマートフォン「Ｍａｔｅ20　Ｐｒｏ」を分解した結果を公表した。

〈全ての半導体チップが存在する領域を細かく、1個1個チェックを行ったが、「余計なもの」は全く存在しなかった。

〝余計なもの〟という言い方が適切かどうかは分からないが、余計なものを具体的に教えて欲しいくらいである。通信部には米国のパワーアンプが並ぶだけである。センサーはドイツ製、日本製ばかりだ。メモリは韓国製。ここに全てのチップを並べて見せたいくらいである。

技術面ではお互いがリスペクトし合い、競争し合い、より良いものを作ることにいそしんでいると思えてならない。こうした素晴らしい技術が停滞しないことを望むばかりである。Mate20 Proを隅から隅まで観察したが、〝余計なもの〟は一切存在しなかった、ということをあらためて強調しておく。むしろMate20 Proは、研ぎ澄まされ、洗練された2018年最高のスマートフォンの一つであったと結論付けたい〉

5Gの敷設は、日本にとっても、今後数十年の国運を賭けるほどの大事業である。そうであれば、日本としての本当の国益は何かという深い議論を行うべきではないだろうか。

言うまでもなく、日本はアメリカの同盟国である。だが、同じ「ファイブ・アイズ」のメンバーで、日本より高レベルな同盟関係にあるイギリスは、独自の道を歩んでいる。

「5Gネットワークにファーウェイの参入を限定的に認める決定を、NSC（英国家安全保障会議）が行った」——このような英メディアの報道が、4月下旬に一斉に流れた。この一件で、ギャビン・ウィリアムソン国防相が、情報漏洩疑惑で5月1日に更迭されるというおまけもついた。その後、第5章で述べたように、6月にトランプ大統領が訪英した際、いくら強くプッシュされても、イギリスはファーウェイを排除することを拒否した。

他のEUの主要国、ドイツ、フランス、イタリアなども、イギリス型の道を歩んで行くように見受けられる。

それは整理すると、次のようなものだ。

①国家の核心的な部分には参入させない。

②それ以外には参入を認める。

③常に調査を行い、もしも問題が発生した場合には排除する。

同様に、EU型も一つの参考にしながら、日本としての最大の国益は何かを、もう少し国民的に幅広く議論することはできないものだろうか。思考を停止させ、ただひたすらアメリカの意向に従うというのであれば、これはもう独立国家ではなく半植民地である。

この件を、旧知の政府関係者に質すと、こう反論した。

「とにかく、ファーウェイを排除することによる国益が大きいことを考えるべきだ。第一に、中国に情報が漏洩するリスクを断ち切れる。第二に、『日本は裏切らなかった』として、トランプ政権の心証がよくなる。第三に、ファーウェイを排除したスペースに、日本企業が参入していくことで、日本企業に復活の目が出てくる」

この論理は、一見もっともに聞こえる。だが熟考すれば、矛盾に満ちている。

第一に、日本が絶対に情報漏洩を防ぐべき部署、例えば防衛省・自衛隊のシステムなどは、以前から富士通とＮＥＣの２社に、調達が事実上限定されている。そもそもファーウェイの入る余地はないのである。

第二に、ファーウェイを日本が排除したから、例えば日米貿易交渉でトランプ政権が日本に大幅譲歩してくれるとか、アメリカ軍が尖閣諸島の警備を担ってくれるとかいうことがあるだろうか？　トランプ大統領の性格からして、「サンキュー・ジャパン！」とツイッターを1本打って終わりだろう。それどころか、6月29日の大阪G20サミット終了後の会見では、トランプ大統領自身が、ファーウェイを完全には排除しないと述べた。

第三に、ファーウェイを排除すれば、たしかにそのスペースに日本企業が参入していく余地が生まれるのは間違いない。だが、それが本当に長期的に見て、日本全体の国益になるのだろうか。むしろ「日本のガラパゴス化」が加速していくだけではないのか。

現在、中国では、ものすごいスピードと技術、資金力で、ファーウェイが中心になって主要都市の「5G化」が進められている。日本はすでに２０１０年に、ＧＤＰで中国に追い越され、２０１８年には約２・７倍まで引き離されている。この上、「5G化」で決定的な差がつけば、彼我の差は埋めようがなくなる。

日本政府は、2020年夏の東京オリンピック・パラリンピックまでに、5Gを整備するとしている。富士通はエリクソンと、NECはサムスンと、2018年秋に5Gで提携したが、それでファーウェイに勝てるのだろうか？

だがそれでも日本は、アメリカに右に倣えだ。ファーウェイの大口取引先であり、経団連にも加盟する大手日本企業の関係者が証言する。

「トランプ大統領が令和初の国賓として来日し、帰国した直後の5月下旬、ファーウェイとの取引停止を促す通達が来た。そこでわが社は、ストップできる契約から取引を打ち切ることにした。他社にも聞いたが、概ねそうしているようだ」

ホーキング博士の予言

アメリカは、「ハイテクのカーテン」を引いた場合、このまま覇権国家でいられるかという問題に直面する。

それは、世界のグローバル化の波に乗って発展してきたアメリカのIT業界のサプライチェーンが崩壊するからだ。2019年7月現在、アップルはほとんどのiPhoneを中国工場で生産しており、クアルコムやインテルなどの顧客の多くは中国企業だ。特にファーウエイは、2018年に世界第3位、210億ドルの半導体購入を行っており（米ガートナー社調べ）、特許料も含めて、アメリカ企業を大いに潤わせているのだ。

総じて言えば、アメリカの最大の弱点は、たとえファーウェイを世界の先進国地域から締め出したとしても、5Gに関して取って代わる「アメリカのファーウェイ」が見当たらないことである。それは今世紀に入って、アメリカが製造業をほとんど放棄してしまったツケとも言える。

任正非CEOは、中国メディアとのインタビュー（2019年5月21日）で、意味深な発言をして、自信をのぞかせている。

「中国の古代哲学は玄学（非可視的学問）であり、西洋の哲学は形而上学と唯物論だ。これまでは西洋哲学に裏付けされた科学が世界を支配した。だが今後はVR（仮想現実）などで玄学の世界、中国の世界が到来するのだ」

そう言えば、「21世紀の主流の物理学」と言われる量子力学も、「自然の本質は曖昧である」という概念を基礎にしており、東洋哲学にも通じるものがある。

いずれにしても、ファーウェイの問題は、単に一企業のことではない。「21世紀の世界の趨勢」を決める重要事である。

最後に、2018年3月に死去したスティーヴン・ホーキング博士の「遺言」を記しておこう。遺作となった『ビッグ・クエスチョン』（邦訳はNHK出版、2019年）からの引用だ。

〈AIの短期的な影響は、誰がそれをコントロールするかにかかっており、長期的な影響は、AIはそもそもコントロール可能かどうかにかかっている〉

「米中新冷戦」が終息するのは、AIがコントロール不能なほどに発達したときになるのかもしれない。だがそんなときに和解しても、「時すでに遅し」ではないだろうか。

主要参考文献

『華為人』2019年５月号（ファーウェイ社内誌）
『美国陥阱』Frederic Pierucci著、中信出版集団、2019年
『2035年的世界　全球預測』亜歴山大・亜歴山徳羅維奇・登金主編、時事出版社、2019年
『AI・未来』李開復著、浙江人民出版社、2018年９月
『中国対外開放40年』国家発展和改革委員会、国際合作中心対外開放課題組著、人民出版社、2018年
『“芯”想事成』陳芳、董瑞豊著、人民郵電出版社、2018年
『任正非和華為 ── 非常人 非常道』余勝海著、長江文芸出版社、2017年
『華為管理法：任正非的企業管理心得』黄志偉著、古呉軒出版社、2017年
『再造中国』王義桅著、上海人民出版社、2017年
『激蕩十年、水大魚大 中国企業2008―2018』呉暁波著、中信出版集団、2017年
『任正非伝』孫力科著、浙江人民出版社、2017年
『華為創新』周留征著、機械工業出版社、2017年
『槍林弾雨中成長』田濤、殷志峰主編、三聯書店、2016年
『従遏制到平衡　美国塑造世界戦略解析』蔡華堂著、時事出版社、2016年
『中美外交』孫哲著、時事出版社、2014年
『21世紀的美国與中美関係』呉心伯編著、時事出版社、2013年
『美国外交決策過程』周琪著、中国社会科学出版社、2011年
『中美関係史　上中下巻』陶文钊著、上海人民出版社、2004年
『ビッグ・クエスチョン』スティーヴン・ホーキング著、NHK出版、2019年
『FEAR　恐怖の男』ボブ・ウッドワード著、日本経済新聞出版社、2018年
『炎と怒り』マイケル・ウォルフ著、早川書房、2018年
『スノーデン　日本への警告』エドワード・スノーデン他著、集英社新書、2017年
『米中もし戦わば』ピーター・ナヴァロ著、文藝春秋、2016年
『米中　世紀の競争』ジェフ・ダイヤー著、日本経済新聞出版社、2015年
『暴露：スノーデンが私に託したファイル』グレン・グリーンウォルド著、新潮社、2014年
『CIA秘録　上下巻』ティム・ワイナー著、文春文庫、2011年
『一九八四年』ジョージ・オーウェル著、ハヤカワepi文庫、2009年
『The Chinese Invasion Threat』Ian Easton著、Project 2049 Institute 、2017年

近藤大介

1965年埼玉県出身。東京大学卒業、国際情報学修士。講談社『週刊現代』特別編集委員、『現代ビジネス』中国問題コラムニスト。明治大学国際日本学部講師(東アジア国際関係論)。2009年から2012年まで、講談社北京副社長。『パックス・チャイナ 中華帝国の野望』『未来の中国年表』(講談社現代新書)、『活中論』(講談社)、『二〇二五年、日中企業格差』(PHP新書)、『習近平と米中衝突』(NHK出版新書)など著書多数。

講談社＋α《プラスアルファ》新書 711-2 C

ファーウェイと米中《べいちゅう》5G戦争《せんそう》

近藤大介《こんどうだいすけ》

2019年7月18日第1刷発行

発行者―――― **渡瀬昌彦**

発行所―――― **株式会社 講談社**

東京都文京区音羽2-12-21 〒112-8001

電話 編集(03)5395-3522

販売(03)5395-4415

業務(03)5395-3615

デザイン―――― **鈴木成一デザイン室**

カバー写真―――― **EPA = 時事、AFP = 時事、近藤大介**

カバー印刷―――― **共同印刷株式会社**

印刷・本文データ制作― **株式会社新藤慶昌堂**

製本―――― **牧製本印刷株式会社**

定価はカバーに表示してあります。

落丁本・乱丁本は購入書店名を明記のうえ、小社業務あてにお送りください。

送料は小社負担にてお取り替えします。

なお、この本の内容についてのお問い合わせは第一事業局企画部「＋α新書」あてにお願いいたします。

Printed in Japan

ISBN978-4-06-516916-2

講談社+α新書

書名	著者	内容	価格	番号
人が集まる会社　人が逃げ出す会社	下田直人	従業員、取引先、顧客。まず、人が集まる会社をつくろう！　利益はあとからついてくる	820円	804-1 C
志ん生が語る クオリティの高い貧乏のススメ　昭和のように生きて心が豊かになる25の習慣	美濃部由紀子	NHK大河ドラマ「いだてん」でビートたけし演じる志ん生は著者の祖父、人生の達人だった	840円	805-1 A
精日　加速度的に日本化する中国人の群像	古畑康雄	日本文化が共産党を打倒した!!　対日好感度も急上昇で、5年後の日中関係は、激変する!!	860円	806-1 C
古き佳きエジンバラから 新しい日本が見える	ハーディ智砂子	遥か遠いスコットランドから本当の日本が見える。ファンドマネジャーとして日本企業の強さも実感	860円	808-1 C
戦国武将に学ぶ「必勝マネー術」	橋場日月	生死を賭した戦国武将たちの人間くさくて、ユニークで残酷なカネの稼ぎ方、使い方！	880円	809-1 C
さらば銀行　「第3の金融」が変える お金の未来	杉山智行	僕たちの小さな「お金」が世界中のソーシャルな課題を解決し、資産運用にもなる凄い方法！	860円	810-1 C
定年破産絶対回避マニュアル	加谷珪一	人生100年時代を楽しむには？　ちょっとのお金と、制度を正しく知れば、不安がなくなる！	860円	813-1 C
日本への警告　米中ロ朝鮮半島の激変から 人とお金が向かう先を見抜く	ジム・ロジャーズ	日本衰退の危機。私たちは世界をどう見る？　新時代の知恵と教養が身につく大投資家の新刊	900円	815-1 C
「平成日本サッカー」秘史　熱狂と歓喜は こうして生まれた	小倉純二	Jリーグ発足、W杯日韓共催——その舞台裏にもまた「負けられない戦い」に挑んだ男達がいた	920円	817-1 C

表示価格はすべて本体価格（税別）です。本体価格は変更することがあります